あなたを幸せにする大祓詞

小野善一郎

青林堂

はじめに

人生の行く手を艱難辛苦《かんなんしんく》がはばみ、筋骨《きんこつ》が疲れるほど苦しみ悩んでいる人は幸《さいわい》であろう。それは、その悩みが祓《はら》われたとき、私たちの心《こころ》の中には、悩み苦しむ自我《じが》の異心《ことごころ》と、もう一つ神様からすでに与えられている神性《しんせい》の御心《みこころ》があることに気づくからだ。すべてが順境《じゅんきょう》にあるときは、神々《かみがみ》の御心を言葉で理解できてもなかなか感得《かんとく》することは難しい。

私たちの祖先《そせん》は、その神与《しんよ》の「清らかな心」に軸足《じくあし》を置いて我欲我見《がよくがけん》の異心《ことごころ》を祓いながら国づくりをしてきた。このことは、現存するわが国で最も古い書物である『古事記』の教えるところでもある。私たち人間にとって、自我の制御《せいぎょ》の問題は永遠《えいえん》の課題《かだい》である。私たちの祖先はその重要性《じゅうようせい》を認識《にんしき》し、我欲を祓い日々《ひび》、天《あま》つ神《かみ》の「清らかな心」と一つになって、常に生《い》かされていることに感謝《かんしゃ》してきたのである。

私の故郷《ふるさと》、福島《ふくしま》では、少し前まではその国づくりの大本《おおもと》にある「清らかな心」をいつでも目にすることができた。早朝、日《ひ》の出《で》とともに田畑《たはた》の仕事にとりかかり、日没《にちぼつ》まで文句《もんく》一つ言うことなく働《はたら》き通しの毎日だった。誰でもが田畑の土地《とち》と農作《のうさく》物《ぶつ》に対して、心の中で会話をしながら、まるで大事なわが子の生長《せいちょう》を見守るかのように、喜《よろこ》んで働いていた。

そもそも、わが国において、働くということは、神様の仕事なのである。神様が高天《たかま》の原《はら》で稲作《いなさく》をしていたのを私たち人間にお任せしたのが、日本人の労働観《ろうどうかん》の根《こん》源《げん》となっている。誰だって農作業《のうさぎょう》は楽《らく》な方が良いと思うが、私たちの先祖《せんぞ》はどんなに困難《こんなん》な農作業でも愚痴《ぐち》を言わず、文句の異心《ことごころ》をすべて捨て去って、嬉々《きき》として働いていた。五十年、六十年という長い間、ほとんど休みなく働き続けることは、喜《よろこ》びでなければ不可能《ふかのう》である。農作業をすること自体が、「大祓詞《おおはらえのことば》」の奏上《そうじょう》だったのではないだろうか。やはり働くことは、神事《しんじ》だったのであると思う。

しかし、その「清らかな心」も最少《さいしょう》の労働によって最大《さいだい》の効果《こうか》を生むという農作業の機械化《きかいか》・効率化《こうりつか》とともに見失《みうしな》われてきた。特に戦後、あまりにも効率主義《こうりつしゅぎ》を旨《むね》とする経済政策《けいざいせいさく》に重《おも》きを置いたために、物《もの》を物としてしか見ることができなくなり、それを作《つく》った人の努力《どりょく》や物の背後《はいご》にある「いのち」が全《まった》く見えない社会となってしまった。これは自らの本質である神性の「清らかな心」に深く思いをよせることなく、それを亡失《ぼうしつ》したためである。

だが、科学技術《かがくぎじゅつ》による機械化がすべて悪いのではないと思う。科学技術は元来《がんらい》、真理《しんり》の追究から始まったのだ。それは同時に人々の生活に恩恵《おんけい》を与え、その生活を豊かにしてきた。しかし、科学技術が私利私欲《しりしよく》によって、個人の自我に支配されたとき、それは宇宙の真理ともかけ離れてしまうのである。

悪いのは、機械化・効率化を進めながら自分自身の本質である「清らかな心」を見失った私たちの方なのである。近代科学《きんだいかがく》と私たちの持っている「清らかな心」とは対立《たいりつ》するものではない。ともに無我《むが》であり、アプローチの仕方は異《こと》なるが、本来《ほんらい》一つのものだ。

問題なのは、近代科学の恩恵《おんけい》に浴《よく》した私たちの方が、少し富貴《ふうき》となったために傲《ごう》慢《まん》となり、自らの本性《ほんせい》を見失い、自我を制御できずに苦悩《くのう》していることにある。いま何よりも自己《じこ》の本性への回帰《かいき》が求められている。私たちは元々《もともと》、遠祖《えんそ》の神々と寸《すん》分《ぶん》も違《たが》わない「清らかな心」を有しているのである。その証左《しょうさ》を、この度《たび》の東日本大震災の被災地に私は見た。

海外メディアは、非常時にもかかわらず、略奪《りゃくだつ》や暴動《ぼうどう》が起こらず日本人の礼節《れいせつ》と秩序《ちつじょ》が失われていないことを限りなく賞賛《しょうさん》した。本来、私たちの日常生活《にちじょうせいかつ》を律《りっ》しているルール（秩序）が崩壊《ほうかい》している状態で、社会秩序を維持《いじ》できるということはありえないからである。これは、日本人が秩序の根源《こんげん》にある人智《じんち》を超《こ》えた存在、大《だい》自然《しぜん》、神々、そして先祖への感謝の心、その大いなる「いのち」に生かされているが故《ゆえ》ではないだろうか。私たちの遠い祖先は、その「いのち」の大本に親《した》しみをこめて、人格神《じんかくしん》として「天之御中主神《あめのみなかぬしのかみ》」、「天照大御神《あまてらすおおみかみ》」というご神名《しんめい》でお呼び申し上げたのである。この二柱《ふたはしら》の神《かみ》は表裏一体《ひょうりいったい》の神様であり、ともに大宇宙の主宰神《しゅさいしん》である。天地《てんち》が続く限り永遠に存在する神様で、同一《どういつ》の御神徳《ごしんとく》を有している。そして何より重要なことは、「天之御中主神」と「天照大御神」は私たちの遠祖であり、私たちはその先祖の神々を心に宿《やど》しているということである。

その尊《とうと》い心の神を異心《ことごころ》（自我の心）によって傷つけてはならないというのが、古《ふる》い伊勢《いせ》の思想である伊勢神道《いせしんとう》の大事な教えである。そしてこれは、まさに「大祓詞」の命題《めいだい》なのである。

本書では繰り返し、自己の本性への回帰を力説《りきせつ》しているが、それ以上に重要なことはないからである。我欲を抑制《よくせい》し、「天之御中主神」、「天照大御神」の「清らかな御心」と一つになって生きることが、わが国の人倫秩序《じんりんちつじょ》の特色《とくしょく》と言える。そのことが、この度の大震災でも無意識のうちによみがえり、礼節と秩序を失わなかったのである。そして、この道こそが、すべての人を幸福にする道であると、私たちの先祖は確信していたのであろう。これが「大祓詞」の「こころ」である。

なお本書は、二年程前に神社本庁の一般財団法人日本文化興隆財団で「大祓詞の講座」を担当した際の私の手元用メモである。重複が多く、その上未熟な心境告白の羅列のみで誠に恥ずかしい限りであるが、これがいつわざらない現在の私の心境である。

平成二十四年師走

小野善一郎

目次

大祓詞と信仰

祓《はら》えとは何か。なぜ祓《はら》えをするのか。結論から先に申《もう》し上げるならば、それはわが国の神々《かみがみ》の実在と、その神々《かみがみ》に私たちはつながっており、私たちの本性《ほんせい》もまた神《しん》性《せい》のものという確信から行われるのです。この信仰が祓《はら》えの神学の根本にあるものです。この信仰がなければ、祓《はら》えは即座に「いのち」を失い、形骸化《けいがいか》した行事《ぎょうじ》のみとなります。何よりも私たちの本姿《ほんし》でありますす神性《しんせい》の「こころ」が大事なのです。それを罪《つみ》、穢《けが》れから守るのが祓《はら》えです。

最近、鎮守の森が、運気を上げたり、願いごとをかなえてくれたりしてくれるというパワースポットが流行し、神社に参拝する若者が急増しています。この若者の神社ブームについては、やや占い芸人などによるマスコミ先行のきらいもありますが、神社に参詣し、自らの心《こころ》を見つめることにより、先祖の神々《かみがみ》の「いのち」に生かされている自分であることを感じる機会になるならば、人心の荒廃が憂慮《ゆうりょ》されている今日であるが故に、明るい兆しともいえるでしょう。

しかし、よく考えるならば、本当のパワースポットとは、全国八万の神社そのものではないかと思います。なぜなら、『古事記《こじき》』『日本書紀《にほんしょき》』に記されている神々《かみがみ》は、現在も全国の神社に祭られ、そのご神霊《しんれい》は今も生きているからです。神代《かみよ》の神々《かみがみ》が今に実在しているのです。さらに重要なことは、わが国の神々《かみがみ》は唯一絶対神《ゆいいつぜったいしん》でありますゴッドとは異なり、私たちと血の続いている先祖であることです。したがって、その子孫である私たちの本性《ほんせい》もまた、神性《しんせい》の存在であるということであります。神々《かみがみ》は祈る対象であると同時に、私たち自身の心にも宿《やど》っているのです。

ですから、本当のパワースポットは、私たち一人ひとりの心の中にもあります。それは、すべての人にすでに与えられているのですが、あまりにも身近なために私たち自身が気づいていないのです。そして私たちは、誤って自我《じが》の心を本心と認識しているのが普通であります。本当の本心とは、生まれたときから神様に与えられている神性《しんせい》の「こころ」の方です。その神性《しんせい》の「こころ」は、自我《じが》の心を祓《はら》った奥にあるものです。しかし、これは理論として知識で考えることではなく、体認《たいにん》する世界《せかい》なのです。

古くから日本人は自らを神の生みの子であり、神の子孫であると信じてきました。このことは、『古事記《こじき》』『日本書紀《にほんしょき》』ともに、その出現されている神々《かみがみ》に対して、各《かく》豪族《ごうぞく》、氏《うじ》の者たちが、その血縁関係を主張した伝承《でんしょう》を記載している事実によっても知られます。この信仰が日本人の人間観の根本にあり、「大祓詞《おおはらえのことば》」の拠《よ》って立つ「いのち」なのです。これは、ユダヤ・キリスト教の根底にある人間は罪《つみ》の子であるという人間観、また仏教における人間の尊さは生まれによるのではなく自らの行為（業《ごう》）によるとする業《ごう》の思想、さらには善いことがあった後《あと》には必ず悪いことがくるなどという運命論《うんめいろん》、宿命論《しゅくめいろん》などとも全く異なります。

祓《はら》えとは、私たちの神性《しんせい》の本性《ほんせい》が知《し》らず識《し》らずのうちに犯した罪《つみ》や穢《けが》れによって覆《おお》われてしまうが故に、その罪《つみ》・穢《けが》れを祓《はら》って捨て去り、清明の本姿《ほんし》に復《ふく》することなのです。つまり、私たちの心を祖神《おやがみ》の天《あま》つ神《かみ》の御心《みこころ》に合わせて一つにする。天《あま》つ神《かみ》という本来の心に帰一《きいつ》するのです。天《あま》つ神《かみ》の御心とは、天地《てんち》の心ですから、「天《てん》壌《じょう》無窮《むきゅう》の神勅《しんちょく》」に明示されているように、天地《てんち》と窮《きわま》りなく発展しようとするのが、日本人の心の本源にあるものです。

したがって繰り返しになりますが、祓《はら》えの実践とは、神々《かみがみ》の存在を心より信じるとともに、わが「いのち」が神々《かみがみ》につながっており、その本性《ほんせい》は神性《しんせい》のものであるという確信から行われるのであります。一般に神道が、「祓《はら》えにはじまり、祓《はら》えに終わる」と言われるのもそのためです。それは、我欲我執《がよくがしゅう》の異心《ことごころ》（本来《ほんらい》の心でない自我《じが》の心）を祓《はら》った大本《おおもと》にある「神《かん》ながらの道《みち》」を説いているのが神道であるからです。

私たちの本性《ほんせい》は神性《しんせい》のものであるという神道信仰を初めて言葉化したのは、平安時代末から鎌倉時代初期にかけての伊勢神宮で、その祭祀《さいし》の根本精神を述べた伊勢《いせ》神道《しんとう》であります。最初の書物と考えられている『造伊勢二所太神宮宝基本記《ぞういせにしょだいじんぐうほうきほんぎ》』には、

人《ひと》は乃《すなわ》ち天下《あめのした》の神物《しんもつ》なり、須《すべか》らく静謐《せいひつ》を掌《つかさど》るべし。心《こころ》は乃《すなわ》ち神明《しんめい》の主《しゅ》たり、心神《しん》を傷《いた》ましむる莫《なか》れ。神《かみ》は垂《た》るるに、祈祷《きとう》を以《もっ》て先《さき》と為《な》し、冥《めい》は加《くは》ふるに、正《せい》直《ちょく》を以《もっ》て本《もと》と為《な》す。

という天照大御神《あまてらすおおみかみ》の託宣《たくせん》が記載されています。その意味するところは、次のようなことです。

私たちは、大宇宙の中の神性《しんせい》な存在。ですから、心は穏《おだ》やかにして慎み深く生活しなければなりません。自らの心に神様は宿《やど》っているのでありますから、その心の神様を我欲我見《がよくがけん》の異心《ことごころ》によって絶対に傷つけてはならないのです。神様のご加護《かご》を得るためには、何よりも欲得《よくとく》のすべてを抛《なげう》った一心不乱《いっしんふらん》の祈りであり、またまっす

ぐの清《きよ》らかな心こそが大事であります。

これは誰でも生まれながらに神様から与えられた心神《しんしん》（本性《ほんせい》）を有しているのでありますから、その神与《しんよ》の心を罪《つみ》、穢《けが》れから守れとの主張です。しかし、現実に自分自身の心を省《かえり》みるとき、私意私欲《しいしよく》の異心《ことごころ》に覆《おお》われている自分にただただ懺悔《ざんげ》するばかりであります。それ故に、神様のご照覧《しょうらん》を仰《あお》ぎ、その異心《ことごころ》を祓《はら》って神与《しんよ》の本姿《ほんし》に復《ふく》するのです。神様からいただいたまっすぐの清《きよ》らかな心を明らかにすることこそが、本当の祓《はら》えといえるでしょう。

「大祓詞《おおはらえのことば》」を唱《とな》えると罪《つみ》、穢《けが》れが祓《はら》われ、消え去ると信じられてきました。事実そうだからこそ、祝詞《のりと》として今日まで最も長く信仰されてきているのです。しかし、ただそれだけですと、「大祓詞《おおはらえのことば》」は、呪文《じゅもん》（まじないの文句、のろいのことば）であり、呪術《じゅじゅつ》（神霊《しんれい》の力を借りて、超自然的な現象を起こさせようとする行為）と見られてしまいます。が、「大祓詞《おおはらえのことば》」の長い歴史の中では、陰陽道《おんみょうどう》や密教《みっきょう》と習合し、呪文《じゅもん》のような功徳《くどく》（御利益《ごりやく》）が得られると考えられ、祈禱《きとう》の場において盛んに用いられたこともあります。そして、今日でも現世利益的《げんせりやくてき》な効用を求める傾向は否定できませんが、本当の「大祓詞《おおはらえのことば》」の「こころ」とは、自分の本性《ほんせい》を自覚し、「神《かん》ながらの道《みち》」を明らかにすることです。自分自身の心の開闢《かいびゃく》こそが、本当の祓《はら》えなのです。そのような意味では、「神《かん》ながらの道《みち》」を説いている『古事記《こじき》』『日本《にほん》書紀《しょき》』の神代《かみよ》の巻も広義《こうぎ》には、「大祓詞《おおはらえのことば》」と言えるのではないでしょうか。事実、「大祓詞《おおはらえのことば》」は記紀《きき》の神代《かみよ》の巻を要約したものとも考えられています。

近世に於ける伊勢神道《いせしんとう》の大成者でありますす伊勢神宮外宮祠官《げくうしかん》の度会延佳《わたらいのぶよし》（一六一五〜九〇年）は、祓《はらえ》について次のように述べております。

神《かみ》とは鏡《かがみ》といふ和訓《わくん》を一字略せしなれば、かの明徳《めいとく》を鏡《かがみ》にたとへ侍《はべ》るに替《かは》る所もなし。誰も誰も心をかがみのごとくせば、吾《わ》が心即ち天御中主尊《あめのみなかぬしのみこと》・天照《あまてらす》大神《おほかみ》に同じからんか。其上《そのうえ》、心は神明《しんめい》の舎《みあらか》といへば、もとより人々の心中《しんちゅう》に神はやどりましませども、くらましたる心は舎《みあらか》の戸を閉ぢたるがごとく、又鏡《かがみ》にさびうき、塵積《ちりつも》りたるに同じ。急ぎ神明《しんめい》の舎《みあらか》の戸をひらき、鏡《かがみ》のさび塵《ちり》を去るべし。(『陽復記』)

このように延佳《のぶよし》は、心は神明《しんめい》の舎《みあらか》であるから、急いでその御戸《みと》を開き、鏡《かがみ》のさびや塵《ちり》を祓《はら》わなければならない、と説いています。現在、神社は全国に約八万社ありますが、その神社と同じように、私たち一人ひとりの心にも神社があり神々《かみがみ》がご鎮《ちん》座《ざ》されているのです。ですから、その心の中の神々《かみがみ》を、さびや塵《ちり》という穢《けが》れた異《こと》心《ごころ》を祓《はら》って守らなければならないのです。

また、江戸時代中期の垂加《すいか》神道家・若林強斎《わかばやしきょうさい》(一六七九～一七三二年)は、真の神道について、次のように述べております。

神道ノ大事《だいじ》ハ、吾《わ》ガ心《こころ》ヲ吾《わ》ガ心ト思《おも》ハズ、天神《あまつかみ》ノ賜《たまもの》ヂヤト思フガ、爰《ここ》ガ、大事《だいじ》ゾ、サウ思《おも》ヒナスデハナイ、真実《しんじつ》ニソレ。カウ云《い》フコトヲ寝《ね》テモ覚《さ》メテモ大事ニスルヨリナイ。是程《これほど》ノ宝物頂戴《たからものちょうだい》シテ居《おり》ナガラ井戸茶碗程《いどちゃわんほど》ニモ思《おも》ハヌハ、ウロタヘゾ。三種《さんしゅ》ノ、瓊矛《ぬほこ》ノ、大事《だいじ》ノト聞《き》キタガラウヨリ、爰《ここ》ヲ合点《がてん》スルヨリナイ。爰《ここ》ニサヘ合点《がてん》アラバ、相伝《そうでん》ノ筋《すじ》モ窺《うかが》ハレウコト。実《じつ》ニ神ノ尊《とおと》イト云フコトナラバ、爰《ここ》ガ忘レラレウ様《よう》ガナイ。(『望楠所聞』三輪ノ御伝受筍記)

これは、自分の心は、自分のものでありながら、同時に天《あま》つ神《かみ》から賜《たまわ》った神与《しんよ》のものであるという自覚を語ったものです。元金沢工業大学教授の近藤啓吾《こんどうけいご》先生によれば、「『サウ思ヒナスデハナイ、真実ニソレ』とは合理主義より出るものではなく、信仰の世界である。ここには既に神道を解説するという態度は姿を没し、『寝《ね》テモ覚《さ》メテモ大事《だいじ》ニスルヨリナイ』即ちひたすらなる神道の実践のみが存している。なお、わが心が天神《あまつかみ》の賜物であるとの確念は、わが生命が一身の生死を超えて天地の永遠に参ずるということに外ならない」(『神道大系』垂加神道㊦解題)と述べられております。まさに神道を解説するというような傲慢《ごうまん》な態度を捨て去り、神々《かみがみ》の実在を心より信ずることに尽きるのではないでしょうか。

さらに、祓《はら》えについて強斎《きょうさい》は、

祓除《みそぎ》ハ、私意私欲《しいしよく》ヲ除《はら》ヒ去《さ》ルヲ云《いう》。身《み》ノ汚《けがら》ハシキヲ祓除《みそぎ》拂《はら》フモ固《もと》ヨリ祓《はらえ》ナレドモ、私意私欲《しいしよく》ノ穢《けがら》ハシキヲ除《はら》ヒ去《さ》ルコトナクシテ、外様《そとさま》ヲ除《はら》フテ潔《きよ》キト云道理《いうどうり》コレナシ。夫故《それゆえ》ニ祓《はらえ》ノ要《かなめ》、私意私欲《しいしよく》ヲ克去《かちさ》ルニアルコトナリ。在天地《てんちにあり》テ云《い》ヘバ、風《かぜ》ノ雲霧《うんむ》ヲ除《はら》ヒ、雨《あめ》ノ塵泥《じんでい》ヲ洗《あら》フハ、造化自然《ぞうかしぜん》ノ祓《はらえ》ナリ。人《ひと》ニ在《あり》テ云《い》ヘバ、祓除《みそぎ》ヲシテ身《み》ノ不浄《ふじょう》ヲ去《さ》リ、天理《てんり》ヲ以《もっ》テ人欲《じんよく》ニ克去《かちさ》ルハ、人道當然《じんどうとうぜん》ノ祓《はらえ》ナリ。

（「神道夜話」・前掲の垂加神道㊦所収）

と説いています。私意私欲《しいしよく》を去ったらすべてなくなり無《む》になってしまうのではありません。祓《はら》った奥に天照大御神《あまてらすおおみかみ》・天御中主尊《あめのみなかぬしのみこと》がご鎮座《ちんざ》なさっているのです。その実在を心より信じてきたのが私たちの先祖であります。そして強斎《きょうさい》もまた、その門下の山口春水《やまぐちしゅんすい》（小浜藩士《おばまはんし》）より、「仮《か》リニモ君《きみ》ヲ怨《うら》ミ奉《たてまつ》ルノ心発《こころおこ》ラバ、天照大御神《あまてらすおおみかみ》ノ御名《みな》ヲ唱《とな》フベシ」という楠木正成《くすのきまさしげ》のことばを聞いて感激し、わが国の国民の目標はこの一語の外なしとして書斎を望楠《ぼうなん》と名づけたのです。強斎《きょうさい》は楠公《なんこう》のひたすらなる祓《はら》えの精神に、わが国の本質、天地《てんち》とともに窮《きわま》りない理由をみたのであります（前掲の近藤啓吾《こんどうけいご》先生の解題）。これが本当の祓《はら》えの「こころ」です。

以上のことを道標《どうひょう》とし、また岡田米夫《おかだよねお》先生著『大祓詞《おおはらえのことば》の解釈と信仰』（神社新報社）を参考にしながら、『現代人のための祝詞』（右文書院）をテキストとして、「大祓詞《おおはらえのことば》」を学んでいきたいと思います。

大祓詞とは

「大祓詞《おおはらえのことば》」とは、大祓《おおはらえ》のときに神前で読み上げる祝詞《のりと》です。平安時代には、毎年六月と十二月の晦日《みそか》（月の最終日）に大祓《おおはらえ》が行われ、親王をはじめ、大臣以下の百官の男女を朱雀門《すざくもん》の前の広場に集めて、半年の間における罪《つみ》や穢《けが》れを祓《はら》い清《きよ》めました。この大祓《おおはらえ》は、今日でも宮中や全国の神社で六月と十二月の最終日に行われています。

「大祓詞《おおはらえのことば》」は、古くは中臣祓《なかとみのはらえ》、中臣祓詞《なかとみのはらえことば》、中臣祭文《なかとみのさいもん》とも呼ばれました。それは、祝詞《のりと》の宣読者《せんどくしゃ》が中臣氏《なかとみし》であったからです。「大祓詞《おおはらえのことば》」の文献上の初見は、『日本《にほん》書紀《しょき》』の「乃《すなわ》ち天兒屋命《あめのこやねのみこと》をして、其《そ》の解除《はらへ》の太諄辞《ふとのりと》を掌《つかさど》りて宣《の》らしむ」と言われています。なお、『古事記《こじき》』には「天兒屋命《あめのこやねのみこと》、太詔戸言禱《ふとのりとごとほ》き白《まを》して」とありますが、祓《はら》え（解除《はらえ》）の祝詞《のりと》と記載されていないので、「大祓詞《おおはらえのことば》」の初見とするのは難しく、一般には祝福《しゅくふく》の祝詞《のりと》と考えられています。しかし、中臣氏《なかとみし》の先祖であります天兒屋命《あめのこやねのみこと》が宣読《せんどく》していることから、「大祓詞《おおはらえのことば》」と推定することも可能ではないかと考えられます。この説を主張しているのが本居宣長《もとおりのりなが》です。一方、『古語拾遺《こごしゅうい》』（八〇七年）には「此《こ》の天罪《あまつつみ》は、今《いま》の中臣《なかとみ》の祓詞《はらへことば》なり」とあります。

『古事記《こじき》』の編纂《へんさん》は七一二年、『日本書紀《にほんしょき》』は七二〇年ですから、「大祓詞《おおはらえのことば》」は少なくとも千三百年前から祭りの場で唱《とな》えられていて、それは今日でも全く変《か》わることなく続けられています。「大祓詞《おおはらえのことば》」が千三百年もの長いあいだ伝えられ、いつの時代にあっても私たち日本人の拠《よ》り所《どころ》であったということは、先にも述べましたが、その信仰が私たちの日本人の根本的人間観であり、日本民族の「いのち」そのものであるからです。

第一回目「高天原に」より「天降し依さし奉りき」まで

さて、それでは「大祓詞《おおはらえのことば》」の本文に沿《そ》って、その意味を考えていきましょう。

高天原《たかまのはら》に神留《かむづま》り坐《ま》す　皇親神漏岐《すめらがむつかむろぎ》　神漏美《かむろみ》の命以《みこともち》て　八百萬神《やほよろづのかみたち》等を神集《かむつど》へに集《つど》へ賜《たま》ひ　神議《かむはか》りに議《はか》り賜《たま》ひて　我《あ》が皇御孫命《すめみまのみこと》は　豊葦原水穂國《とよあしはらのみづほのくに》を　安國《やすくに》と平《たひら》けく知《し》ろし食《め》せと　事依《ことよ》さし奉《まつ》りき

天上界《てんじょうかい》の高天《たかま》の原《はら》にご鎮座《ちんざ》していらっしゃる皇室の先祖の神漏岐命《かむろぎのみこと》と神漏美命《かむろみのみこと》のお言葉によって、多くの神様方をひたすらお集めになり、その神々《かみがみ》とご相談なさった結果、皇御孫《すめみま》の命《みこと》（天照大御神《あまてらすおおみかみ》のご子孫の天皇）に、豊かに生い茂った葦原《あしはら》の美しい稲穂《いなほ》の実るわが国を安穏《あんのん》な国として平穏《へいおん》にお治《おさ》めくださいとご委任申《いにんもう》し上げました、という意味です。

「高天原《たかまのはら》」について、テキスト（『現代人のための祝詞』）では「天上界《てんじょうかい》にある国に」と解釈しています。本居宣長《もとおりのりなが》も「高天原《たかまのはら》はすなわち天《てん》なり」（『古事記伝』）と述べています。これは「神道の垂直三元的世界観の一つで、根の下国《したつくに》（黄泉）、葦原の中国《なかつくに》（現世）に対して上国《うわつくに》のこと」（『神道事典』）を高天《たかま》の原《はら》と言っております。つまり、「天《てん》」のことです。その「天《てん》」ですが、手元の『国語辞典』（旺文社）には、「地上からはるかに遠い無限に高い所」と載っています。

仏教の浄土教《じょうどきょう》では、この現実世界《げんじつせかい》を穢土《えど》（汚れている世界《せかい》）とし、極楽浄土《ごくらくじょうど》（安楽で心配や苦労のない世界《せかい》）は、西方十万億土《さいほうじゅうまんおくど》のかなたにあると説きます。「十万億土《じゅうまんおくど》」とは、現世《げんせ》から極楽浄土《ごくらくじょうど》にいたる間にある仏の国の数ですから、極楽浄土《ごくらくじょうど》はあるけれども無限のかなたにあることを考えると、無《な》きに等しい感じがいたします。

また、キリスト教でも「神の国は近づきつつあり」と申《もう》しますが、現実界はエデンの東《ひがし》にあり、罪人《つみびと》の子孫である人間は罪《つみ》の償《つぐな》いのために苦しんで生きているところです。したがって、天国と現実界の合一《ごういつ》は認めないのであります。

高天《たかま》の原《はら》も同様に、天上界《てんじょうかい》というと現実世界《げんじつせかい》からかけ離れている印象を与え、高天《たかま》の原《はら》はあるけれども私たちから手が届《とど》かない観念的な世界《せかい》に思われます。

そもそも高天《たかま》の原《はら》とは、神々《かみがみ》がご鎮座《ちんざ》されている神の国のことであります。わが国には約八万の神社があり、その神社には神代《かみよ》の神々《かみがみ》が今もご鎮座《ちんざ》されているのです。つまりこの事実によって、高天《たかま》の原《はら》は天上界《てんじょうかい》にある国ではありますが、同時にこの現実界《げんじつかい》が即、高天《たかま》の原《はら》でもあることが理解できると思います。神社が今にあることが、何よりもそのことを証明しているのです。

しかし、理屈《りくつ》では分かっても、この現実世界《げんじつせかい》が高天《たかま》の原《はら》であるとは俄《にわか》には信じられないかもしれません。実はこれが「大祓詞《おおはらえのことば》」の命題なのです。全国の神社にご鎮座《ちんざ》されている神代《かみよ》の神々《かみがみ》は、私たちと血の続いている遠い先祖であり、私たちの身体にはその先祖の神々《かみがみ》の血が流れているのです。冒頭に述べましたように、私たちの本性《ほんせい》は神性《しんせい》なものなのです。「大祓詞《おおはらえのことば》」を奏上《そうじょう》することによって、その本性《ほんせい》を明らかにし、先祖の神々《かみがみ》の御心《みこころ》をこの世に実現することが「大祓詞《おおはらえのことば》」の眼目であります。

高天《たかま》の原《はら》は天上界《てんじょうかい》であり、大宇宙そのもののことでもあります。しかし、この現実界《げんじつかい》は大宇宙から切り離されて別個に存在しているのではなく、一木一草といえども大宇宙の本質である神々《かみがみ》の御神徳《ごしんとく》を映《うつ》し出しているのであります。ですから眼の前は、神々《かみがみ》が見える神の国であり、高天《たかま》の原《はら》なのであります。しかし、その真実をなかなか私たちは理解できないのです。私たちは空気の中で呼吸していますが、その空気が見えないので分からないのと同じです。水の中の魚が水の存在を知らないようなものであります。私たちは神々《かみがみ》に生かされているのでありますが、その心《こころ》が異心《ことごころ》に覆《おお》われていて心の中の清《きよ》らかな鏡《かがみ》を曇らしているから、生かされていることが分からないのであります。私たちは心臓を自分の意思で止めることはできません。明らかに神々《かみがみ》に生かされている存在なのです。

私たちは、すべての人がその心に神性《しんせい》の心を宿《やど》していています。その神様から頂いた清《きよ》らかな心を守るとともに、その心を現実世界《げんじつせかい》に現すことが「大祓詞《おおはらえのことば》」の意義であります。自らの心の開闢《かいびゃく》が何よりも重要なのであります。具体的には、神々《かみがみ》のご照覧《しょうらん》を仰《あお》ぎながら、「大祓詞《おおはらえのことば》」を奏上《そうじょう》するのですが、今日一日、他人の悪口《わるくち》を言わなかったか、すべてを感謝の心で受け入れたか、自分の責任を他人に転嫁しなかったか、などと自らの心を点検・反省しながら、私たちの本性《ほんせい》である天《あま》つ神《かみ》の御心から離れないように努力することです。

眼の前は、神々《かみがみ》がご鎮座《ちんざ》されている高天《たかま》の原《はら》なのです。その清明な高天《たかま》の原《はら》が見えないのは、私たちの本来《ほんらい》の清《きよ》らかな心を自分自身がつくりだす異心《ことごころ》で覆《おお》ってしまっているからなのです。迂遠《うえん》なようでありますが、本当の世界《せかい》平和とは、自分の心の中から、悪口《わるくち》、嫉妬《しっと》、恨《うら》みなどの異心《ことごころ》を捨て去り、たとえ他人であっても自分のことのように思いやる神様のご慈愛《じあい》の御心と一つになることです。すべては自分の中にあります。ひとたび「大祓詞《おおはらえのことば》」を奏上《そうじょう》するならば、穢《けが》れた心が祓《はら》われ、本来の神性《しんせい》の御心に復帰するというのが「大祓詞《おおはらえのことば》」の信仰です。

「神留《かむづま》り坐《ま》す」とは、「神々《かみがみ》が集まっていらっしゃる」という意味です。つまり「高天原《たかまのはら》に神留《かむづま》り坐《ま》す」とは、大宇宙の根本中心に宇宙を生み給うた神様がご鎮座《ちんざ》されているということであります。同時にそれは、私たちの心の中のことでもあり、私たちの心には大宇宙の根本の神々《かみがみ》がご鎮座《ちんざ》されているのです。私たちは大宇宙の中の小宇宙なのです。その本質は同一です。

「皇親神漏岐《すめらがむつかむろぎ》　神漏美《かむろみ》の命《みこと》以ちて」の「すめ」は尊ぶこと。祖神《おやがみ》の御神徳《ごしんとく》をたたえた形容詞です。「むつ」は親しみ睦《むつ》まじいことで、「すめらがむつ」は「神漏岐《かむろぎ》　神漏美《かむろみ》」にかかります。その「神漏岐《かむろぎ》　神漏美《かむろみ》」ですが、解釈については色々の説があります。一つは造化《ぞうか》三神の中の二神であります「高御産巣日神《たかみむすひのかみ》と神産巣日神《かみむすひのかみ》」説。もう一つは、「天照大御神《あまてらすおおみかみ》と高木神《たかぎのかみ》（高御産巣日神《たかみむすひのかみ》）」説であります。

さらに岡田米夫《おかだよねお》先生によれば、この祖神《おやがみ》は高天《たかま》の原《はら》に神留《かむづま》り坐《ま》すとあることから、第一に高天《たかま》の原《はら》を知《し》ろし召《め》される天《あま》つ神《かみ》であり、その天《あま》つ神《かみ》の中でも私たちに神言を示される神様。さらにその御神徳《ごしんとく》が祭られ仰《あお》がれている神様であるとされています。そして具体的には、まず高御産巣日神《たかみむすひのかみ》と神産巣日神《かみむすひのかみ》。次にこの二柱《ふたはしら》の神と表裏一体の神であり、産霊《むすび》の内在のはたらきを実際に顕在された伊邪那岐命《いざなぎのみこと》と伊邪《いざ》那美命《なみのみこと》。そして以上の祖神《おやがみ》のおはたらきの総てを一身に備えてお生まれになられた天照大御神《あまてらすおおみかみ》であると述べられています。

ところでこの「神漏岐《かむろぎ》　神漏美《かむろみ》」という神名は、『古事記《こじき》』『日本書紀《にほんしょき》』には出ていなく、『古語拾遺《こごしゅうい》』「延喜式祝詞《えんぎしきのりと》」『常陸国風土記《ひたちのくにふどき》』『出雲国風土記《いずものくにふどき》』などに見えています。これは記紀《きき》にもれた古い伝承《でんしょう》で、私たちの遠い先祖であります祖神《おやがみ》を「神《かむ》漏岐《ろぎ》　神漏美《かむろみ》」と唱《とな》えていた古い信仰を伝えていると考えられます。

「命以《みこと》ちて」は、「お言葉によって」「御命令によって」などと解釈されています。

つまり、神様の御心を実現するためにその御心に添《そ》うことですから、神様の御心に合わせることです。自らの自我《じが》の心を捨て去り、「神漏岐《かむろぎ》　神漏美《かむろみ》」の御心を自らの心とすることと考えられます。

『古事記《こじき》』の冒頭の伊邪那岐命《いざなぎのみこと》と伊邪那美命《いざなみのみこと》による国土の修理固成《しゅりこせい》の段にも、

ここに天《あま》つ神《かみ》諸《もろもろ》の命《みこと》もちて、伊邪那岐命《いざなぎのみこと》・伊邪那美命《いざなみのみこと》二柱《ふたはしら》の神に、「このただよへる国を修《おさ》め理《つく》り固《かた》め成《な》せ」と詔《の》りて、天《あめ》の沼矛《ぬぼこ》を賜ひて、言依《ことよ》さしたまひき。

とあります。五柱《いつはしら》の別天《ことあま》つ神《かみ》一同のお言葉で、伊邪那岐命《いざなぎのみこと》と伊邪那美命《いざなみのみこと》の二柱《ふたはしら》の神に、この混沌とした国を秩序ある国へと修《おさ》め理《つく》り固《かた》め成《な》せと詔《みことのり》をされ、玉でもってかざった尊い矛《ほこ》を授けて、そのことをご委任《いにん》なさったのであります。この「修理固成《しゅりこせい》」の詔《みことのり》により、次々に神々《かみがみ》がお生まれになられますが、その大本《おおもと》には、「天《あま》つ神《かみ》諸《もろもろ》の命《みこと》もちて」があります。つまり、神様がお生まれになるに際して、伊邪那岐《いざなぎの》命《みこと》、伊邪那美命《いざなみのみこと》の自我《じが》や私意《しい》は少しも入っていないのです。大本《おおもと》にある別天つ神《ことあまつかみ》五柱《いつはしら》の神々《かみがみ》の命《みこと》によって、すべての国生《くにう》みと神生《かみう》みがなされているのであります。

わが国は伊邪那岐命《いざなぎのみこと》、伊邪那美命《いざなみのみこと》の二柱《ふたはしら》の神様が勝手に夫婦の交わりをしてお生みになった国ではありません。先祖である天つ神《あまつかみ》の御心から離れて、自我《じが》の判断で御子をお生みになったときには必ず失敗しています。しかし、失敗しましたら反省し「天つ神諸の命《あまつかみもろもろのみこと》」に立ち返っているのです。

天つ神《あまつかみ》の御心と一つになる祈りは、一つになりたいという自我《じが》の異心《ことごころ》で祈ったならば、いつまでたっても一つにはならないと思います。今私たちは天つ神《あまつかみ》の御心に生かされていて、実は一つなのです。生きていることは、すべて自分の意思で生きているようですが、本当はその大本《おおもと》にある天つ神《あまつかみ》の御心によって、生かされているのであります。ですから、神道とはその厳粛《げんしゅく》な事実に気づき感謝の一つ心で生きることであり、余分な期待や欲望を捨て去ることであります。つまり、祓《はら》えなのです。

それ故に、その天《あま》つ神《かみ》の御心から離れてはならないのであります。

したがって、「天《あま》つ神諸《かみもろもろ》の命《みこと》もちて」とは、伊邪那岐命《いざなぎのみこと》、伊邪那美命《いざなみのみこと》ご自身が、私心を全くさしはさむことなく、天《あま》つ神《かみ》より賜《たまわ》った自らの本体である「いのち」と一体になることであります。ここが国生《くにう》み、神生《かみう》みの大本《おおもと》にある信仰です。そのような御心の状態でなければ、たとえ天《あま》つ神《かみ》より「詔《みことのり》」を賜《たまわ》っても、その詔《みことのり》を真に理解し、体得《たいとく》することはできないのです。賜《たまわ》った詔《みことのり》を体認《たいにん》し実行していくためには、どうしても天《あま》つ神《かみ》の御心と一つになる必要があります。

天《あま》つ神《かみ》より賜《たまわ》った「いのち」を私心によって汚《けが》すことなく、神様から与えられたままに守ることこそが、すべての根源であり、私たち日本人の道義《どうぎ》の根本に位置する信仰なのであります。「天《あま》つ神諸《かみもろもろ》の命《みこと》」にこそ日本人の本質が明らかに示されています。このように国生《くにう》み、神生《かみう》みの大本《おおもと》には、天《あま》つ神《かみ》の御心と一つになるという鉄則が存在しているのであります。

同様に「大祓詞《おおはらえのことば》」の「神漏岐《かむろぎ》 神漏美《かむろみ》の命以《みことも》ちて」も高御産巣日神《たかみむすひのかみ》・神産巣日《かみむすひの》神《かみ》、また伊邪那岐命《いざなぎのみこと》・伊邪那美命《いざなみのみこと》に代表される男性の祖神《おやがみ》と女性の祖神《おやがみ》であり、その祖神《おやがみ》の御心を自らの心として天照大御神《あまてらすおおみかみ》が八百萬《やほよろづ》の神々《かみがみ》をご召集なされたと解釈されます。

ただし、さきほど述べましたように『古事記《こじき》』では、伊邪那岐命《いざなぎのみこと》と伊邪那美命《いざなみのみこと》は、天之御中主神《あめのみなかぬしのかみ》、高御産巣日神《たかみむすひのかみ》、神産巣日神《かみむすひのかみ》などの天《あま》つ神《かみ》の御心をその心として国生《くにう》み、神生《かみう》みをされています。そして伊邪那岐命《いざなぎのみこと》は、その御霊《みたま》の依《よ》り代《しろ》と考えられる首飾《くびかざ》りの珠《たま》（御倉板挙之神《みくらたなのかみ》）を天照大御神《あまてらすおおみかみ》にお授けになって、高天《たかま》の原《はら》を治《おさ》めるようにとご委任《いにん》されたのです。つまり、天照大御神《あまてらすおおみかみ》は伊邪那岐命《いざなぎのみこと》よりご委任《いにん》を受けて高天《たかま》の原《はら》をお治《おさ》めになられているのでありますから、その御心の本源は天《あま》つ神《かみ》の御心であることが分かります。

したがって、ここでは天照大御神《あまてらすおおみかみ》が、高御産巣日神《たかみむすひのかみ》と神産巣日神《かみむすひのかみ》の男女の祖神《おやがみ》に代表される天《あま》つ神《かみ》の御心をその心として八百萬《やほよろづ》の神々《かみがみ》をお集めになられたとする方が自然のような気がします。つまり、「神漏岐《かむろぎ》　神漏美《かむろみ》」とは、高御産巣日神《たかみむすひのかみ》、神産巣日神《かみむすひのかみ》の男女の祖神《おやがみ》に象徴される天《あま》つ神《かみ》の御心と理解してもよいのではないでしょうか。

「大祓詞《おおはらえのことば》」の奏上《そうじょう》は、自らが天《あま》つ神《かみ》をはじめとする祖神《おやがみ》の御心と一つになり、その御心、境地《きょうち》を体認《たいにん》するところに妙味《みょうみ》があります。そして、その御心を日々の日常生活の中で実現するのです。日常生活から離れるならば、すべては観念的になります。だからこそ、日常生活は荒行《あらぎょう》なのです。この平生《へいぜい》の何でもないような一瞬一瞬が荒行《あらぎょう》なのです。腹立《はらだ》つ心、不足《ふそく》・不満《ふまん》の心、嫉妬《しっと》の心は勝手に外から入ってくるものでなく、自分の心がつくりだしているものです。この本来の心でない異心《ことごころ》を斬って捨て去り、先祖の神々《かみがみ》でありますす「神漏岐《かむろぎ》　神漏美《かむろみ》」の御心を仰《あお》いで、その御心をこの世に実現して行くのが、「大祓詞《おおはらえのことば》」の信仰です。ただし、神意実現《しんいじつげん》というとまだ肩に力が入っていて祖神《おやがみ》と一つでないように思われます。もともと神意《しんい》は目の前にあり、私たちはその御心に包《つつ》まれて生きているのですから、自分の異心《ことごころ》を祓《はら》えば誰でも感得《かんとく》するのが、神々《かみがみ》の世界《せかい》です。であるならば、神意出現《しんいしゅつげん》の方が自然のような気がします。いずれにしても神道とは、先祖の神々《かみがみ》の「命《みこと》もちて」の道なのであります。

「八百萬 神等《やほよろづのかみたち》を　神集《かむつど》へに集《つど》へ賜《たま》ひ　神議《かむはか》りに議《はか》り賜《たま》ひて」について、次に考えてみましょう。

高天の原《たかまのはら》から豊葦原《とよあしはら》の瑞穂《みづほ》の国《くに》（日本のことです）に皇御孫《すめみま》の命《みこと》が天降《あまくだ》られるのですが、その決定にあたって、多くの神々《かみがみ》をひたすらお集めになり、神々《かみがみ》が何度もご相談になった上で、決められたのであります。わが国は、神代《かみよ》から祖神《おやがみ》の御心を忘れた自我《じが》だけの独裁者による国家ではありません。神代《かみよ》という悠久《ゆうきゅう》の昔より神々《かみがみ》が相談し、決定している民主国家なのであります。それも一度だけ集めて、あらかじめ内々に決めていたことを追認するような「結論ありき」の会議をしたのではなく、祖神《おやがみ》の御心を心としながら、「神議《かむはか》りに議《はか》り賜《たま》ひて」とあるように何度も何度も会議を重《かさ》ね、すべての神々《かみがみ》が承認し納得された上で、自ずと皇御孫《すめみま》の命《みこと》のご降臨《こうりん》を決定されたのであります。わが国は、神代《かみよ》から議会制度を持っていたと言っても過言ではないのです。

「我《あ》が皇御孫命《すめみまのみこと》は　豊葦原水穂國《とよあしはらのみづほのくに》を　安國《やすくに》と平《たひら》けく知《し》ろし食《め》せと　事依《ことよ》さし奉《まつ》りき」について、次に考えていきましょう。

「我《あ》が皇御孫命《すめみまのみこと》」とは、天津日子番能邇邇芸命《あまつひこほのににぎのみこと》のことですが、広義《こうぎ》には天皇陛下のことを申《もう》し上げます。ですから、邇邇芸命《ににぎのみこと》とともに天照大御神《あまてらすおおみかみ》のご子孫の天皇陛下と理解されてよいでしょう。天皇は、その祖神《おやがみ》であります天照大御神《あまてらすおおみかみ》の御心をその心とされているのです。つまり、歴代の天皇陛下の本質は、天照大御神《あまてらすおおみかみ》そのものなのであります。天皇の御祈りのお姿に天照大御神《あまてらすおおみかみ》を見るのであります。

ここにわが国の本質があります。わが国は、天照大御神《あまてらすおおみかみ》が無限のご慈愛《じあい》で治《おさ》められている国なのであります。天照大御神《あまてらすおおみかみ》は、高御産巣日神《たかみむすひのかみ》と神産巣日神《かみむすひのかみ》に代表される天《あま》つ神《かみ》の御心をその心として、あたかも親がわが子に接するようなご慈愛《じあい》で治《おさ》められているのであります。

「豊葦原水穂國《とよあしはらのみづほのくに》」は、豊かに生い茂った葦原《あしはら》のみずみずしい稲穂《いなほ》の実る国で、五穀豊穣《ごこくほうじょう》の祈りが込められています。「豊葦原《とよあしはら》」と「水穂國《みづほのくに》」は、ともに日本の国をほめて言う呼び名です。その日本の国を「安國《やすくに》と平《たひら》けく知《し》ろし食《め》せと」と皇御孫《すめみま》の命《みこと》にご委任申《いにんもう》し上げるのであります。本来は天照大御神《あまてらすおおみかみ》が治《おさ》めるのですが、それをご委任《いにん》するのです。「安國《やすくに》」とは、何事もなく穏《おだ》やかな国のことです。「平《たひら》けく」も変《か》わったことも起こらず穏《おだ》やかな状態を意味します。

この「安國《やすくに》と平《たひら》けく」とは、ご歴代天皇の御祈りなのです。天皇の宣命《せんみょう》や祝詞《のりと》には、「国《くに》のうち平《たひ》らかに安《やす》らけく」という御祈願《ごきがん》が必ず出ています。「大祓詞《おおはらえのことば》」も同様で、

この御祈りの本質は天照大御神《あまてらすおおみかみ》の御祈りであり、ご歴代天皇の御心なのでありま
す。天皇は天照大御神《あまてらすおおみかみ》の御教《みおし》えを仰《あお》ぎその御心をその心とされています。ですから、
「知《し》ろし食《め》す」「知《し》らす」とは、私心による支配の意味ではなく、天照大御神《あまてらすおおみかみ》の御
心で治《おさ》めることなのです。すなわち、限りないご慈愛《じあい》で、ひたすら国民の幸せを祈
りながら治《おさ》められることとです。その御心を具体的に申《もう》し上げるならば、先にも述べ
ましたが、父母のわが子に対する無限の愛情と同じといえるでしょう。「感恩《かんおん》の歌《うた》」
に「父母《ふぼ》は我《わ》が子《こ》のためならば　悪業《あくごう》つくり罪《つみ》かさね　よしや悪趣《あくしゅ》に落《お》つるとも
少しの悔《くい》もなきぞかし　若《も》し子遠《とお》く行《ゆ》くあらば　帰りてその面《おも》見《み》るまでは　出《いで》ても
入りても子を憶《おも》い　寝《ね》ても覚《さ》めても子を念《おも》う」とありますが、父母は自分自身のこ
とはさておいて、何よりもわが子の幸福だけを願って生きているのが普通でありま
す。

明治天皇は「罪《つみ》あらば　我《われ》をとがめよ　天《あま》つ神《かみ》　民《たみ》は我《わ》が身《み》の　生《う》みし子《こ》なれば」

という御製《ぎょせい》をよまれています。まさに私たちは、父母のようなご存在の天皇陛下の御祈りの中に包《つつ》まれているのであります。本当にありがたく貴《とうと》いことだと思います。これに対して「領《うし》はく」とは、統治者《とうちしゃ》が被統治者《ひとうちしゃ》を権力によって強制的に領有し、自分のものとして治《おさ》めることです。これは天《あま》つ神《かみ》の御心から離れた異心《ことごころ》による統治《とうち》です。諸外国の統治《とうち》のあり方は、ほとんどが「領《うし》はく」の状態と言えるのではないでしょうか。

天皇陛下の統治《とうち》は、「領《うし》はく」ではなく「知《し》らす」なのであります。天皇一個人としての私意《しい》を全くさしはさむことなく、天《あま》つ神《かみ》の御心と一つになってお治《おさ》めになるのであります。天《あま》つ神《かみ》の御心とは、天地自然が万物を生じ育てる御心ですから、すべての人がそれぞれの資質に応じて活躍し、幸福になるように祈る大御心《おおみこころ》です。これがわが国の特色であり、すべての日本人が知らなければならない大事なことでありま す。そして実際に政治を執《と》り行う人は、その天皇の大御心《おおみこころ》に自らの心を照らし合わせ、国民が平和に幸福に暮らせるように努力するのが、本来《ほんらい》の政治なのであります。

わが国は神代《かみよ》の昔から国家の平安と国民の幸福を実現《じつげん》することを国家の大方針として、天孫《てんそん》が降臨《こうりん》されたのであります。

『日本書紀《にほんしょき》』の一書には、天孫降臨《てんそんこうりん》の際、天照大御神《あまてらすおおみかみ》より天孫《てんそん》・天津日子番能邇邇芸命《あまつひこほのににぎのみこと》に下された「天壌無窮《てんじょうむきゅう》の神勅《しんちょく》」が今日に伝わっています。

葦原《あしはら》の千五百秋《ちいほあき》の瑞穂《みづほ》の國《くに》は、是《これ》、吾《わ》が子孫《うみのこ》の王《きみ》たるべき地《くに》なり。爾皇孫《いましすめみま》、就《い》でまして治《しら》せ。行矣《さきくませ》。寶祚《あまつひつぎ》の隆《さか》えまさむこと、當《まさ》に天壌《あめつち》と窮《きはま》り無《な》けむ。

ここで重要なことは、「寶祚《あまつひつぎ》」の解釈であります。一般には、天照大御神《あまてらすおおみかみ》のご子孫であります天皇の御地位が、天地のある限り永久に続く意と理解されています。しかし、そうではなく、これは天皇陛下の個人の「いのち」ではなく、天照《あまてらす》大御神《おおみかみ》の「いのち」と一つになって、わが国を統治するという日本国家の本質、特質が永遠に守られると捉《とら》えるべきと考えられます（近藤啓吾《こんどうけいご》先生著『崎門三先生の學問』参照）。

つまり、天孫降臨《てんそんこうりん》の意義とは、三種《さんしゅ》の神器《しんき》に込められた天照大御神《あまてらすおおみかみ》の御心をこの世に現し、その御心で国を治《おさ》め、国民が平安に幸福に暮らせる国家をつくり上げるという私たちの遠い先祖の壮大《そうだい》なわが国建国の理想実現にあります。畏《おそ》れ多《おお》いことでありますが、天皇陛下とともに私たち国民も共に、我欲我見《がよくがけん》という異心《ことごころ》を祓《はら》い、すでに神与《しんよ》されている天照大御神《あまてらすおおみかみ》の御心で国を治《おさ》めるならば、国家の弥栄《いやさか》は、まさに天地とともに窮《きわま》りないのであります。それは天照大御神《あまてらすおおみかみ》の御心が天地《てんち》の心だからに他ならないからです。これがわが国の道義《どうぎ》の根源に位置する信仰であります。

ここがユダヤ・キリスト教などの終末思想《しゅうまつしそう》や仏教の末法思想《まっぽうしそう》と決定的に違うところです。天照大御神《あまてらすおおみかみ》の御心と一緒になって統治《とうち》することこそが、わが国の統治《とうち》の本質なのであります。ご歴代の天皇の御製《ぎょせい》は、そのご精神で一貫しているのであります。また、このことは、この度《たび》の大震災《だいしんさい》における天皇陛下の被災者《ひさいしゃ》へのメッセージと被災地《ひさいち》へのご巡幸《じゅんこう》を想い出していただければ納得されると思います。

ご歴代の天皇は、自分自身の利益《りやく》とか幸福を祈られることなく、ひたすらわが国の平和と国民の幸せを皇祖皇宗《こうそこうそう》に祈り続けて来られたのであります。その天皇陛下の御祈りのお姿のうちに、今も皇祖神《こうそしん》・天照大御神《あまてらすおおみかみ》のご神霊《しんれい》が生き続けておられるのであります（近藤啓吾《こんどうけいご》先生著『續々山崎闇齋』参照）。これは観念的なことではなく事実です。これほど貴《とうと》い国はないと思います。天皇陛下は、天照大御神《あまてらすおおみかみ》と今一緒に生きておられるのです。この霊魂不滅《れいこんふめつ》の信仰こそが、わが国の特質であり、国柄《くにがら》なのであります。

一方、私たち国民の本質もまた神性《しんせい》の存在であることは、『古事記《こじき》』『日本書紀《にほんしょき》』の教えるところです。すなわち、わが国の人倫秩序《じんりんちつじょ》の根本は、君臣《くんしん》が統治者《とうちしゃ》と被《ひ》統治者《とうちしゃ》の関係でなく、親子のような一円《いちえん》の関係なのであります。そして繰り返しになりますが、畏《おそ》れ多《おお》くもともに我欲我執《がよくがしゅう》の異心《ことごころ》を祓《はら》って、その本姿《ほんし》である天照《あまてらす》大御神《おおみかみ》の御心に立ち返ることにその特質があるのです。

それでは、次の段を見てみましょう。

此《か》く依《よ》さし奉《まつ》りし國中《くぬち》に　荒振《あらぶ》る神等《かみたち》をば　神問《かむと》はしに問《と》はし賜《たま》ひ　神掃《かむはら》ひに
掃《はら》ひ賜《たま》ひて　語問《ことと》ひし　磐根《いはね》　樹根立《きねたち》　草《くさ》の片葉《かきは》をも語止《ことや》めて　天《あめ》の磐座放《いはくらはな》ち
天《あめ》の八重雲《やへぐも》を伊頭《いつ》の千別《ちわ》きに千別《ちわ》きて　天降《あまくだ》し依《よ》さし奉《まつ》りき

このようにご委任申《いにんもう》し上げた国のなかで、乱暴《らんぼう》する神々《かみがみ》に対しては、なぜ乱暴《らんぼう》をするのかと神のお尋《たず》ねとしてお尋《たず》ねになり、神が追《お》い払《はら》うこととして追《お》い払《はら》いなさって一掃《いっそう》なさりました。その結果として、それまで物を言っていた岩《いわ》や木《き》の切り株《かぶ》、草《くさ》の一枚《いちまい》の葉《は》までが話すことを止《や》めて国内は平定されました。そして、皇御孫《すめみま》の命《みこと》が天《あめ》の神《かみ》のご座所《ざしょ》を離れて、天《あめ》の幾重《いくえ》にも重《かさ》なる雲《くも》を勢《いきお》いよく押《お》し分《わ》けに押《お》し分《わ》けて、瑞穂《みづほ》の国《くに》へと天降《あまくだ》られました、という意味です。

まず、「此《か》く依《よ》さし奉《まつ》りし國中《くぬち》に　荒振《あらぶ》る神等《かみたち》をば　神《かむ》問《と》はしに問《と》はし賜《たま》ひ　神《かむ》掃《はら》ひに掃《はら》ひ賜《たま》ひて」について考えてみましょう。

先に述べましたように祖神《おやがみ》の命《みこと》をもって、わが国を平安に、国民が幸せになるように治《おさ》めなさいと皇御孫《すめみま》の命《みこと》にご委任《いにん》されましたが、その国土には天《あま》つ神《かみ》の御心から離れている荒々《あらあら》しい神々《かみがみ》が沢山《たくさん》いたのであります。そこで荒《あら》ぶる神々《かみがみ》にどうして心や言動がおだやかでないのか、どうして悩《なや》んでいるのかと祖神《おやがみ》の御心をもって聞いたのです。大国主命《おおくにぬしのみこと》に対して、天照大御神《あまてらすおおみかみ》の御心をこの世に実現《じつげん》するという天孫降臨《てんそんこうりん》の目的を真心こめて繰り返し説かれたのであります。岡田米夫《おかだよねお》先生は、これは人をして正しいものにかえす祓《はらえ》で、「問《と》はし祓《はらえ》」であるとおっしゃっています。話をして相手に分からせるのです。祖神《おやがみ》の御心をもってとことんまでたずねると、異心《ことごころ》が祓《はら》われ清《きよ》らかな本心が明らかとなります。これが心の中の神様です。すべての人は心の中に祖神《おやがみ》を宿《やど》しているのです。私たちは一人ひとり生宮《いきみや》であり、神社なのです。大国主命《おおくにぬしのみこと》は、この祖神《おやがみ》の御心と一つに生きている清《きよ》らかな神様ですから、天孫降臨《てんそんこうりん》の神意《しんい》を理解することができたのであります。

『古事記《こじき》』、『日本書紀《にほんしょき》』によれば、天孫降臨《てんそんこうりん》に先立って高御産巣日神《たかみむすひのかみ》と天照大御神《あまてらすおおみかみ》とが、鹿島神宮《かしまじんぐう》のご祭神の建御雷之男神《たけみかづちのをのかみ》と香取神宮《かとりじんぐう》のご祭神の経津主神《ふつぬしのかみ》をつかわされて、出雲《いずも》の荒《あら》ぶる神々《かみがみ》を「神問《かむと》はしに問《と》はし賜《たま》ひ　神掃《かむはら》ひに掃《はら》ひ賜《たま》ひて」この葦原中国《あしはらのなかつくに》を平定《へいてい》されたとあります。両大神様《りょうおおかみさま》は、わが国建国の基礎を築かれた誠に貴《とうと》い神様であります。天照大御神《あまてらすおおみかみ》の神勅《しんちょく》に対して、大国主命《おおくにぬしのみこと》はその御子の事代主神《ことしろぬしのかみ》をもって返答申《へんとうもう》し上げました。返答《へんとう》するということは、天《あま》つ神《かみ》の御心が分からなければできないことですから、事代主神《ことしろぬしのかみ》は天孫降臨《てんそんこうりん》の神意《しんい》を体得《たいとく》されていたのでしょう。つまり、大国主命《おおくにぬしのみこと》は事代主神《ことしろぬしのかみ》についてご自身と同じ心境《しんきょう》であることを予《あらかじ》め知っておられたと考えられます。そして、事代主神《ことしろぬしのかみ》はすべて自分たちのものは天孫《てんそん》にお返ししますとお答え申《もう》し上げたのであります。

このことを私たち一人ひとりの信仰の問題として考えるならば、天孫降臨《てんそんこうりん》の意味を知るということは、私たちが天《あま》つ神《かみ》の御心と一つになって本心を回復することが何よりも重要です。天孫《てんそん》の御心は祖神《おやがみ》である天《あま》つ神《かみ》の御心そのものであります。ですから、私たち自身が異心《ことごころ》を祓《はら》い天《あま》つ神《かみ》の御心と一体になったとき、心の中に天孫《てんそん》が降臨《こうりん》し、その神意《しんい》を体認《たいにん》することができるでしょう。

しかしながら、武勇《ぶゆう》をもって誇っていた弟の建御名方神《たけみなかたのかみ》は承服《しょうふく》しませんでしたので、信濃国《しなののくに》（長野県）の諏訪湖《すわこ》まで追い払われました。そこでついに異心《ことごころ》が祓《はら》われて服従《ふくじゅう》を誓《ちか》うとともに、国土全部をお返し申《もう》し上げたのであります。そして建御名方神《たけみなかたのかみ》は、その湖畔《こはん》の諏訪《すわ》の聖地《せいち》に永久にご鎮座《ちんざ》されたのです。それが豪壮《ごうそう》な御柱祭《おんばしらまつり》で有名な諏訪大社《すわたいしゃ》であります。そして、大国主命《おおくにぬしのみこと》が国土をお返しになられて隠棲《いんせい》されると、皇室から天之忍穂耳命《あめのおしほみみのみこと》の弟神の天之菩卑能命《あめのほひのみこと》（天穂日命《あめのほひのみこと》）が出雲大社《いずもたいしゃ》の宮司《ぐうじ》として遣《つか》わされて、大国主命《おおくにぬしのみこと》にご奉仕されたのであります。これは本当にすばらしいことだと思います。国譲《くにゆず》りにあたり、多少の争いはあったかと存じますが、皇祖神《こうそしん》である天之忍穂耳命《あめのおしほみみのみこと》と出雲国造《いずもこくそう》の祖神《おやがみ》である天之菩卑能命《あめのほひのみこと》が兄弟の関係にあることを考えれば、ほとんど平和のうちになされたことが推察されるからであります。

　このことについて、『日本書紀《にほんしょき》』の一書によると、国譲《くにゆず》りを終えました大国主《おおくにぬしの》命《みこと》に対して高皇産霊尊《たかみむすひのみこと》（高御産巣日神《たかみむすひのかみ》）が、「あなたの祭祀《さいし》をつかさどるのは天穂《あめのほ》日命《ひのみこと》がいたします」とおっしゃったとあります。現在でもそのご後裔《こうえい》の千家《せんげ》家《け》が神《かみ》代《よ》の神勅《しんちょく》のままに出雲大社《いずもたいしゃ》の宮司《ぐうじ》として祭祀《さいし》にご奉仕されております。これが出雲《いずも》国造《こくそう》で、興国五年（一三四三）六月五日以来、千家《せんげ》家《け》と北島《きたじま》家《け》の二流に分かれましたが、明治以降は千家《せんげ》家《け》がご奉仕されています。現在は八十四代国造《こくそう》千家《せんげ》尊祐《たかまさ》宮司《ぐうじ》でございます。神代《かみよ》から今に続いているのであります。本当にわが国は貴《とうと》い国であると思います。

「語問《ことと》ひし　磐根《いはね》　樹根立《きねたち》　草の片葉《かきは》をも語止《ことや》めて　天《あめ》の磐座放《いはくらはな》ち　天《あめ》の八重雲《やへぐも》を伊頭《いつ》の千別《ちわ》きに千別《ちわ》きて　天降《あまくだ》し依《よ》さし奉《まつ》りき」について、次に検討してみたいと思います。

天孫降臨《てんそんこうりん》にあたって物を言って騒《さわ》がしかった岩《いわ》や木の切《き》り株《かぶ》、そして草《くさ》の一枚《いちまい》の葉《は》に対しても話すのを止《や》めさせて、祓《はら》い清《きよ》められたというのが一般的な解釈であります。

しかし、眼前の世界《せかい》は、どんな理由があったとしても私たちの心の反映《はんえい》です。私たちは、自分の心境《しんきょう》以上のものを映《うつ》すことはできないのです。政治も同様です。政治家が悪いと言っても、国民の心境《しんきょう》以上の政治は実現《じつげん》できないのです。ですから、迂遠《うえん》なことのようですが、私たち自身、その心の中の異心《ことごころ》を祓《はら》い、本来の自己を取り戻すことが何よりも重要なのであります。

神々《かみがみ》が天《あま》つ神《かみ》の御心から離れて荒《あら》ぶれば、当然に自然も悪化《あっか》します。もともと神々《かみがみ》と自然は、同一の「いのち」を頂いているからです。このことは、『古事記《こじき》』の「須佐之男命《すさのおのみこと》の涕泣《ていきゅう》」、「天の石屋戸《あめのいわやと》」の段において、須佐之男命《すさのおのみこと》、また八百萬《やほよろづ》の神々《かみがみ》の心が、天《あま》つ神《かみ》の御心から離れたときに、「青々《あおあお》とした山が、枯《か》れ木のようになり、川や海の水はすっかり乾《ほ》されてしまい、すべての禍《わざわい》が一斉《いっせい》に発生《はっせい》した」とあることによっても知られます。

荒《あら》ぶる神々《かみがみ》がいたということは、その神々《かみがみ》と同根《どうこん》の「いのち」である岩《いわ》や木、そして草《くさ》などの山川草木《さんせんそうもく》も荒《あら》ぶっていたのです。それを祓《はら》い清《きよ》められたのです。これは荒《あら》ぶる神々《かみがみ》が清《きよ》らかになれば、山川草木《さんせんそうもく》に指一本触《ゆびいっぽんふ》れなくても、結果として自然界もその本姿《ほんし》に復《ふく》したことの意味なのではないでしょうか。神々《かみがみ》が祓《はら》えによって本《ほん》姿《し》を回復したときに木や草《くさ》も正しい本来《ほんらい》の姿に立ち返りところを得ることができたのです。そして、神々《かみがみ》、自然界のすべてが元《もと》の正しい姿に戻ったときに天孫《てんそん》が降臨《こうりん》されたのであります。

このことは最近、世界《せかい》のいたるところで頻発《ひんぱつ》している異常気象、集中豪雨などの問題も同じ構造ではないかと考えさせられます。これらは明らかに地球温暖化によってもたらされたものでありますが、しかしその原因は、私たち人間の飽《あ》くなき経済活動の結果であることを考えるとき、自然を荒《あら》ぶらせているのは、天《あま》つ神《かみ》の御心から離れている荒《あら》ぶる人間の方ではないでしょうか。人間の欲望には際限《さいげん》はありません。異心《ことごころ》には自我《じが》を制御《せいぎょ》する装置が付いていないからです。ですから、異心《ことごころ》を祓《はら》って天《あま》つ神《かみ》の御心に立ち返りつつしむことが何よりも大事なのであります。私たちは自我《じが》で生きているのではなく、大本《おおもと》で天《あま》つ神《かみ》の御心によって生かされている存在であることに気づくことです。これが「大祓詞《おおはらえのことば》」の「こころ」です。私たちの目の前に展開している自然現象は、私たちの「こころ」を映《うつ》しているのであります。

さて、荒《あら》ぶる神々《かみがみ》、自然界のすべてが本来《ほんらい》の正しい姿に戻ったときに、天孫《てんそん》・邇《に》邇芸命《にぎのみこと》は、高天《たかま》の原《はら》のご座所《ざしょ》を離れて、天のたくさん重《かさ》なっている雲《くも》を勢《いきお》いよく押《お》し分《わ》けに押《お》し分《わ》けて、天から地上にお降りになったのであります。天孫《てんそん》・邇邇芸命《ににぎのみこと》は、高天《たかま》の原《はら》の祖神《おやがみ》の御心をその心として、わが国を天照大御神《あまてらすおおみかみ》の御心に添《そ》って清《きよ》く正しい国にするという理想を持って天降《あまくだ》られたのです。

先にも述べましたが、天孫降臨《てんそんこうりん》を私たちの信仰の問題として考えるならば、私たちの心が天《あま》つ神《かみ》の御心と一つになったとき、私たちの心の中に天孫《てんそん》が天降《あまくだ》られるのであります。そのような心境《しんきょう》にならなければ、本当の天孫降臨《てんそんこうりん》の意義《いぎ》は分からなく、わが国の貴《とうと》さも不明となるでしょう。天孫降臨《てんそんこうりん》とは、自分自身の心の問題でもあります。根本は、どこまでも私たちの異心《ことごころ》を祓《はら》うことなのです。

さて、次の段について意味を考えてみましょう。

第二回目　「此く依さし奉りし四方の國中と」より
「天つ祝詞の太祝詞事を宣れ」まで

此《か》く依《よ》さし奉《まつ》りし四方《よも》の國中《くになか》と　大倭日高見國《おほやまとひだかみのくに》を安國《やすくに》と定《さだ》め奉《まつ》りて　下《した》つ磐根《いはね》に宮柱《みやばしら》太敷《ふとし》き立《た》て　高天原《たかまのはら》に千木《ちぎ》高知《たかし》りて　皇御孫命《すめみまのみこと》の瑞《みづ》の御殿《みあらか》仕《つか》へ奉《まつ》りて　天《あめ》の御蔭《みかげ》　日《ひ》の御蔭《みかげ》と隠《かく》り坐《ま》して　安國《やすくに》と平《たひら》けく知《し》ろし食《め》さむ國中《くぬち》に　成《な》り出《い》でむ天《あめ》の益人等《ますひとら》が　過《あやま》ち犯《をか》しけむ種種《くさぐさ》の罪事《つみごと》は　天《あま》つ罪《つみ》　國《くに》つ罪《つみ》　許許太久《ここだく》の罪《つみ》出《い》でむ

このようにご委任申《いにんもう》し上げた四方《よも》の国《くに》の中心として、すばらしい大和《やまと》の国の日《ひ》高見《だかみ》の国をおだやかな安《やす》らかな国とお決め申《もう》し上げて、そこの地下にある岩《いわ》に宮《きゅう》殿《でん》の御柱《みはしら》を立てて、高天《たかま》の原《はら》に届《とど》くように千木《ちぎ》をつけて皇御孫《すめみま》の命《みこと》の若々しく生き生きとした壮大《そうだい》な御殿《ごてん》をご造営《ぞうえい》申《もう》し上げました。そして、天上界《てんじょうかい》の御殿《ごてん》、また天照大御神《あまてらすおおみかみ》のご子孫の天皇の御殿《ごてん》として、その宮殿《きゅうでん》に皇御孫《すめみま》の命《みこと》はお籠《こも》りになり、日本の国を安穏《あんのん》な国として平穏《へいおん》にお治《おさ》めになられました。しかし、そのような国の中の全域《ぜんいき》に、次々と増えていく本来《ほんらい》はりっぱな人々が間違えて犯したというさまざまの罪《つみ》は、天《あま》つ罪《つみ》と国《くに》つ罪《つみ》というように実に多くの罪《つみ》が現れ出てくるのであります、という意味になるでしょう。

「此《か》く依《よ》さし奉《まつ》りし」とは、天照大御神《あまてらすおおみかみ》が直接わが国を統治《とうち》するのが本来《ほんらい》のあり方ですが、それを皇御孫《すめみま》の命《みこと》にご委任《いにん》されたということです。「依《よ》さし」とは委任《いにん》するという意味です。これは日本人の労働観にも反映《はんえい》しています。元来《がんらい》、働くということは神様の仕事、すなわち神事《しんじ》なのです。神様が高天《たかま》の原《はら》で稲作《いなさく》を行っていたのを私たち人間にお任せしたのが、日本人の労働観の根本にあるものです。

これに対してユダヤ・キリスト教において労働とは、アダムとイブが、神との契《けい》約《やく》を破り神に背《そむ》いたために、神はこの罪《つみ》に対する罰《ばつ》としてアダムとイブをエデンの園から東《ひがし》に追放するとともに、イブには苦しんで子供を産む出産の苦しみを、アダムには苦しんで額《ひたい》に汗《あせ》して働く労働の苦しみを、さらにはアダムとイブとその子孫である人間に死の苦しみを永遠に与えたのです。ユダヤ・キリスト教において労働とは罪《つみ》を犯したことに対する罰《ばつ》なのです。これは先ほど述べましたように日本人の労働観と全く異なります。

わが国では、たとえば「祈年祭《きねんさい》」の祝詞《のりと》に「皇神等《すめかみたち》の依《よ》さし奉《まつ》らむ奥津御年《おきつみとし》を」(皇神等《すめかみたち》が皇御孫《すめみま》の命《みこと》にご委任《いにん》されたりっぱな御稲《おんいね》を)とあるように本来《ほんらい》、日本人の労働観には罰則《ばっそく》の観点はなく、働くことは神様の仕事であり、神聖《しんせい》なことなのであります。その神様のお仕事を神様は、私たち人間にご委任《いにん》されたのです。

なお、附言《ふげん》するならば、死《し》(罪《つみ》)からの解放を説かれたイエスは、「わたしの父《ちち》は今《いま》もなお働《はたら》いておられる。だから、わたしも働《はたら》くのだ」(ヨハネによる福音書)

と語り、安息日《あんそくび》にもかかわらず働いていて、労働自体を悪くは言っていないと見受けられます。否、逆《ぎゃく》にその説教は私たちを束縛《そくばく》している異心《ことごころ》からの解放であり、その窮極《きゅうきょく》が死《し》（罪《つみ》）の超克《ちょうこく》と考えられ、神観念は異なるものの、非常に神道的であったと私は考えております。

「四方《よも》の國中《くになか》と」については大別《たいべつ》して、わが国の中の各地方説と世界《せかい》の中の日本説があります。近代を代表する神道家であります今泉定助《いまいずみさだすけ》翁は、「地球の中の中の中心である日本全体をいう」とされています。手元の『漢和中辞典』（角川書店）によれば、「四方《よも》」とは、「①東西南北。②あらゆる方面。諸方。天下の国々」とあります。「四方《よも》」とは、その視点によって、日本の国とも、世界《せかい》（地球）ともいずれにも解釈できると思います。しかし、ここでは今泉翁《いまいずみ》の地球（世界《せかい》）の中の中心であるわが国と解する方が気宇壮大《きうそうだい》で、すがすがしい気分になります。私はそのように理解したいと思います。

そうすると「大倭日高見國《おほやまとひだかみのくに》」は大和《やまと》を中心とする日本の国と考えられます。そして、地下にある岩《いわ》に宮殿《きゅうでん》の宮柱《みやばしら》を立てるのですが、この宮柱《みやばしら》はたんなる柱でなく、天照大御神《あまてらすおおみかみ》の依《よ》り代《しろ》であり、神霊《しんれい》の宿《やど》り場《ば》であります。

伊邪那岐命《いざなぎのみこと》、伊邪那美命《いざなみのみこと》が淤能碁呂島《おのごろじま》に天降《あまくだ》られたときも、まず天《あめ》の御柱《みはしら》を立てられて祖神《おやがみ》をお祀《まつ》り申《もう》し上げたのです。神様は見えませんが、御柱《みはしら》に依《よ》るのです。伊勢神宮でもっとも大切なのは「心《しん》の御柱《みはしら》」です。伊勢神宮の祭祀《さいし》は庭上祭《ていじょうさい》祀《し》であり、正殿《せいでん》の床下に立つ「心《しん》の御柱《みはしら》」に向《む》かって執《と》り行われます。ご神体《しんたい》の御鏡《みかがみ》と「心《しん》の御柱《みはしら》」はご一体としてご鎮座《ちんざ》されているのです。平成二十五年に第六十二回の伊勢の式年遷宮《しきねんせんぐう》が執《と》り行われますが、一連の諸儀式《しょぎしき》の中で最も重大なことは「心《しん》の御柱《みはしら》」をお立て申《もう》し上げることです。これは御殿《ごてん》を造るために、まず「心《しん》の御柱《みはしら》」を立てるという建築上の必要性からでなく、根本は天之御中主神《あめのみなかぬしのかみ》、天照大御神《あまてらすおおみかみ》の御霊代《みたましろ》であり、依《よ》り代《しろ》であることです。これがすべての拠《よ》り所《どころ》となるのです。したがって最も大切なことは、御柱《みはしら》を守ることとなのであります。

このことを私たち自身の心《こころ》の問題として考えたとき、私たち一人ひとりの心は、祖神様《おやがみさま》から賜《たまわ》った貴《とおと》い御心《みこころ》でありますから、その御心の中にしっかりと宮柱《みやばしら》を立て、それを絶対に傷つけないように守って行かなければならないのです。私たちの心の中に神様が宿《やど》っているからこそ、御柱《みはしら》を立てるのであります。

「千木《ちぎ》」は、ご社殿《しゃでん》屋上の両端《りょうたん》の上方に向《む》かって交差《こうさ》している木ですが、元来《がんらい》は雨や風を防ぐためにつくったものです。千木《ちぎ》の削《そ》ぎ方は、たとえば伊勢神宮の場合、内宮《ないくう》は内削《うちそ》ぎといって水平に切ってあります。外宮《げくう》は反対に外削《そとそ》ぎで垂直になっています。

「瑞《みづ》の御殿《みあらか》」とは、若々しく生き生きとした御殿《ごてん》の意味ですが、同時に天照大御《あまてらすおおみ》神《かみ》の依《よ》り代《しろ》であります宮柱《みやばしら》を中心としたゆるぎない御殿《ごてん》の意味でもあります。そして、その御殿《ごてん》についてですが、宮様《みやさま》とはお宮のことだけでなく、皇族の方を敬《うやま》って宮様《みやさま》と申《もう》し上げますように、その御殿《ごてん》にお住まいになるのは皇御孫《すめみま》の命《みこと》でありますから、信仰的には天皇陛下の玉体《ぎょくたい》と考えてよろしいと思います。天皇陛下は天照大御神《あまてらすおおみかみ》とご一体のご存在なのであります。

「天《あめ》の御蔭《みかげ》　日《ひ》の御蔭《みかげ》」についてテキスト（『現代人のための祝詞』）では、天上界《てんじょうかい》の御殿《ごてん》、またご子孫《しそん》の天皇の御殿《ごてん》とし、建物の御殿《ごてん》であるとしています。近世の代表的な神道家である山崎闇斎《やまざきあんさい》は、「天《あめ》の御蔭《みかげ》」について天御中主尊《あめのみなかぬしのみこと》と高皇産霊尊《たかみむすひのみこと》のお蔭《かげ》であり、「日《ひ》の御蔭《みかげ》」とは天照大御神《あまてらすおおみかみ》のお蔭《かげ》であると説きました。そして「天《あめ》の御蔭《みかげ》　日《ひ》の御蔭《みかげ》」こそが神道であるとし、天御中主尊《あめのみなかぬしのみこと》、高皇産霊尊《たかみむすひのみこと》、天照大御神《あまてらすおおみかみ》のご加護《かご》は、皇御孫《すめみま》の命《みこと》だけでなく、すべての神、人、物にまで及ぶと考えていたのであります。

岡田米夫《おかだよねお》先生は、天津日《あまつひ》の神《かみ》（天照大御神《あまてらすおおみかみ》）のお蔭《かげ》を受け、それに抱きかかえられて生きて行かれる事と語られています。

また、今泉定助《いまいずみさだすけ》翁は、「天《あめ》の御蔭《みかげ》」は夜を意味しており、「日《ひ》の御蔭《みかげ》」は昼を言っている。そして、「天《あめ》の御蔭《みかげ》」には雨を含め、「日《ひ》の御蔭《みかげ》」には風を含《ふく》ませているとし、ここでは太陽や風雨に直接当たらない意味であると述べております。

しかし、神道とは「命《みこと》もちて」の道であるという視点から考えるならば、「大《おお》祓詞《はらえのことば》」において天照大御神《あまてらすおおみかみ》は、神漏岐《かむろぎ》・神漏美《かむろみ》の命《みこと》もちて、八百萬《やほよろづ》の神々《かみがみ》をお集めになられて相談し、皇御孫《すめみま》の命《みこと》に葦原《あしはら》の中国《なかつくに》へ天降《あまくだ》るという使命をご委任《いにん》されます。つまり、天孫《てんそん》・邇邇芸命《ににぎのみこと》は天照大御神《あまてらすおおみかみ》のご命令により降臨《こうりん》されているのでありますこのように考えますと、天孫《てんそん》・邇邇芸命《ににぎのみこと》は「天照大御神《あまてらすおおみかみ》の命《みこと》もちて」であり、また天照大御神《あまてらすおおみかみ》は「神漏岐《かむろぎ》　神漏美《かむろみ》の命以《みことも》ちて」であることが分かります。したがって、この場合「天《あめ》の御蔭《みかげ》」とは祖神《おやがみ》である「神漏岐《かむろぎ》　神漏美《かむろみ》」のお蔭《かげ》であり、「日《ひ》の御蔭《みかげ》」とは天照大御神《あまてらすおおみかみ》のお蔭《かげ》であると読み取れるのではないでしょうか。ですから、信仰的には、山崎闇齋《やまざきあんさい》と岡田米夫《おかだよねお》先生の見解がよいと考えられます。

「安國《やすくに》と平《たひら》けく知《し》ろし食《め》さむ國中《くぬち》」とは、祖神《おやがみ》の御心、天照大御神《あまてらすおおみかみ》の御心と一つになるから安国《やすくに》が出現するのであります。このことは、畏《おそ》れ多《おお》くも皇御孫《すめみま》の命《みこと》（天皇陛下）だけに求めるものではなく、私たち臣下《しんか》も私たち自身の心の中にご鎮座《ちんざ》している天照大御神《あまてらすおおみかみ》、天《あま》つ神《かみ》、天之御中主神《あめのみなかぬしのかみ》と一つになって生きることが重要なのであります。君臣《くんしん》が一体となって天照大御神《あまてらすおおみかみ》の大御心《おおみこころ》を実現することがわが国の統治《とうち》の根本にあり、それが安国《やすくに》という理想実現に直結するのであります。

しかしながら、その理想実現を担う元来神性《がんらいしんせい》な存在であるはずの国民が、本来《ほんらい》の天《あま》つ神《かみ》の御心から離れ、自分自身の心が自我《じが》の異心《ことごころ》に覆《おお》われて過《あやま》ちを犯してしまうのです。

その過《あやま》ちは無意識的にする間違いもあり、悪いと知りつつする罪《つみ》もあり、さまざまの種類があります。そして、それは天《あま》つ罪《つみ》と国《くに》つ罪《つみ》に大別《たいべつ》することができます。平安時代に編纂《へんさん》されました『延喜式《えんぎしき》』に記載されている「大祓詞《おおはらえのことば》」には、天《あま》つ罪《つみ》、国《くに》つ罪《つみ》の詳細な内容が列挙されていますが、明治以降はそれが省略され、天《あま》つ罪《つみ》、国《くに》つ罪《つみ》という総括の名称だけが口唱《こうしょう》され現在に至っております。

天《あま》つ罪《つみ》とは、須佐之男命《すさのおのみこと》が誓約《うけい》によって、その御心の清《きよ》らかさが証明された瞬間、謙虚《けんきょ》さを失い、その御心は再び傲慢《ごうまん》の汚《けが》れた異心《ことごころ》となり乱暴《らんぼう》の限りを働きますが、その高天《たかま》の原《はら》で犯した農耕を妨害《ぼうがい》する罪《つみ》にあたります。次の八種類の罪《つみ》です。

畔放《あはなち》、溝埋《みぞうめ》、樋放《ひはなち》、頻蒔《しきまき》、串刺《くしざし》、生剥《いきはぎ》、逆剥《さかはぎ》、屎戸《くそへ》。

「畔放《あはなち》」は、田の畔《あぜ》を取りこわすことです。これでは田圃《たんぼ》の水が外に流れるので稲《いね》をつくることはできなくなります。

「溝埋《みぞうめ》」は、畔《あぜ》と畔《あぜ》との間の溝《みぞ》を埋めることですから、これも田圃《たんぼ》に水が入らなくなるので稲《いね》はできないです。

「樋放《ひはなち》」。樋《とい》とは、雨水を集めて流す管《くだ》で、この場合は、稲作《いなさく》のために山の谷などから田に水を引いてくるものです。それを取り放つのですから水の調節ができなくなり、これも耕作が不可能になります。

「頻蒔《しきまき》」は、稲種《いなだね》を蒔《ま》いた他人の田圃《たんぼ》の上に、さらにまた重《かさ》ねて稲種《いなだね》を蒔《ま》くことです。これは初めに蒔《ま》いた稲《いね》と後に蒔《ま》いた稲《いね》の両方の生長《せいちょう》を妨害《ぼうがい》するものです。

「串刺《くしざし》」は他人の田圃《たんぼ》の中に竹の串《くし》を刺《さ》し立て、耕作人に怪我をさせて妨害《ぼうがい》することです。また、他人の田圃《たんぼ》の境界《きょうかい》に、境界《きょうかい》を示す竹の串《くし》を立てて、他人の田圃《たんぼ》を横領《おうりょう》することだとも言われています。

「生剝《いきはぎ》」と「逆剝《さかはぎ》」。『古事記《こじき》』、『日本書紀《にほんしょき》』によれば、須佐之男命《すさのおのみこと》は清《きよ》らかな機《はた》屋《や》の屋根《やね》に穴をあけて、まだら毛の馬の皮を逆《さか》さに剝《は》ぎ取って、穴から落とし入れたので機織女《はたおりめ》はこれを見て驚いて、梭《ひ》で陰部を突いて亡くなったとありますように、「生剝《いきはぎ》」とは動物の皮を生きながら剝《は》ぐことです。また「逆剝《さかはぎ》」とは、動物のお尻の方から皮を剝《は》ぐことです。普通皮を剝《は》ぐときは、お腹を縦に割《さ》くそうですが、お尻の方から剝《は》ぐということは、残酷《ざんこく》な行為《こうい》なのです。

「屎戸《くそへ》」とは、天照大御神《あまてらすおおみかみ》が新嘗祭《にいなめさい》の新穀《しんこく》を召《め》しあがる御殿《ごてん》に、須佐之男命《すさのおのみこと》が屎《くそ》をまきちらしたことです。これは神聖《しんせい》な所《ところ》を汚《けが》す罪《つみ》です。

以上が天《あま》つ罪《つみ》です。すべて稲《いね》に関することで、耕作妨害《こうさくぼうがい》、稲田横領《いなだおうりょう》、神聖《しんせい》な所《ところ》を汚《けが》すことなどの罪《つみ》です。稲《いね》は、天照大御神《あまてらすおおみかみ》より賜《たまわ》ったものであり、私たちが生きて行くための「いのちのね」であります。その「いのちのね」である稲《いね》がとれなくなることは、祖神《おやがみ》から賜《たまわ》った「いのち」を絶つことですから、天《あま》つ罪《つみ》にあたるのであります。

次に国《くに》つ罪《つみ》とは、以下の十四種類の罪事《つみごと》です。

生膚断《いきのはだたち》、死膚断《しのはだたち》、白人《しらひと》、胡久美《こくみ》、己《おの》が母犯《ははをか》せる罪《つみ》、己《おの》が子犯《こをか》せる罪《つみ》、母《はは》と子《こ》と犯《をか》せる罪《つみ》、子《こ》と母《はは》と犯《をか》せる罪《つみ》、畜犯《けものをか》せる罪《つみ》、昆虫《はうむし》の災《わざはひ》、高津神《たかつかみ》の災《わざはひ》、高津鳥《たかつとり》の災《わざはひ》、畜仆《けものたお》し、蠱物《まじもの》為《せ》る罪《つみ》。

「生膚断《いきのはだたち》」とは、生きている人を斬ることです。また「死膚断《しのはだたち》」とは、死んだ人を斬ることです。わが国では、死者に鞭打《むちう》つことは罪事《つみごと》なのです。

「白人《しらひと》」は、血族関係に有るもの同士の結婚によって白子《しらこ》（肌の色が白くなる病気）が生まれること。「胡久美《こくみ》」は、背中に大きな「こぶ」等ができることです。これらは、病気そのものを罪《つみ》とするのではなく、それによって生じる汚《けが》れが、災《わざわ》いをもたらさないようにと祓《はら》うのです。

「己《おの》が母犯《ははをか》せる罪《つみ》」、「己《おの》が子犯《こをか》せる罪《つみ》」、「母《はは》と子《こ》と犯《をか》せる罪《つみ》」、「子《こ》と母《はは》と犯《をか》せる罪《つみ》」等と、くどいように同じようなことを述べていますが、これらはすべて倫理にそむく行為であり、人間として絶対に犯してはならない罪《つみ》だからであります。姦淫《かんいん》の罪《つみ》を祓《はらえ》の中で最も重大と見ているのです。

「畜犯《けものをか》せる罪《つみ》」は、これも人倫に反するもので、人間としてあるまじき行為です。なお、ここでの「けもの」とは獣《けもの》の意味ではなく、家庭で飼っている犬、鳥、牛、馬などをさします。

「昆虫《はうむし》の災《わざはひ》」は、蛇《へび》や百足《むかで》など地上をはう動物によってもたらされる災禍《さいか》です。
「高津神《たかつかみ》の災《わざはひ》」は、雷など高い空からもたらされる災害です。
「高津鳥《たかつとり》の災《わざはひ》」は、鷲《わし》とか鷹《たか》などの鳥に人や家畜がさらわれるような被害です。
「畜仆し《けものたお》」は家で飼っている犬、馬、牛などを呪《のろ》い殺すことです。
「蠱物為る罪《まじものせつみ》」は、お呪《まじな》いによって正しいものを混乱させる罪《つみ》です。

以上が国つ罪《くにつみ》で、近親相姦《きんしんそうかん》や獣姦《じゅうかん》や呪術《じゅじゅつ》などですが、その中心となるのは、私たちの心が神様から離れて堕落《だらく》し、人倫《じんりん》の乱《みだ》れが元《もと》となって起こるものです。これらは家族生活を破壊するものだからです。

このように神道においては、共同体の存続を危うくする行為等を罪《つみ》に挙げておりますが、キリスト教やイスラム教、仏教などのように、個人が守るべき戒律《かいりつ》として伝承《でんしょう》された罪行為《つみこうい》についての詳細な規定はほとんどありません。戒律《かいりつ》が生まれてくる背景には、人間は元来《がんらい》、罪人《つみびと》であり、そのような罪《つみ》を犯す救いがたい存在であるという人間観が根底にあります。

これに対して神道では、祖神《おやがみ》が何れの神であれ、自らを神の生みの子と信じてきた事実が、その人間観の中核となっているのであります。私たち日本人は、天《あま》つ神《かみ》の御霊《みたま》を受けて生まれたものであって、本来清《ほんらいきよ》らかな存在であると見ているのです。その清《きよ》らかな本体が、我欲我見《がよくがけん》の異心《ことごころ》に覆《おお》われて本来《ほんらい》の姿を見失っているがために、その異心《ことごころ》を祓《はら》うのです。これが本来《ほんらい》の日本人の信仰です。

それでは、次の段について考えてみましょう。

此《か》く出《い》でば　天《あま》つ宮事《みやごと》以《も》ちて　天《あま》つ金木《かなぎ》を本打《もとう》ち切《き》り　末打《すゑう》ち断《た》ちて　千座《ちくら》の置座《おきくら》に置《お》き足《た》らはして　天《あま》つ菅麻《すがそ》を本刈《もとか》り断《た》ち　末刈《すゑか》り切《き》りて　八針《やはり》に取《と》り辟《さ》きて　天《あま》つ祝詞《のりと》の太祝詞事《ふとのりとごと》を宣《の》れ

このように出てきたら、朝廷《ちょうてい》の行事《ぎょうじ》によって、金属のような堅《かた》い木の上下を断ち切り、多くの祓《はら》え物を置く台に十分にお置きになって、清《きよ》らかな麻《あさ》の細《ほそ》く裂《さ》いたものを、その上下を断ち切り、多くの針《はり》で裂《さ》いて、天《あめ》の祝詞《のりと》で、かつ立派《りっぱ》な祝詞《のりと》を読み上げよ、という意味です。

「此《か》く出《い》でば」とは、このように多くの罪過《つみとが》が現れ出てきたならば、という意味です。

「天《あま》つ宮事《みやごと》以《も》ちて　天《あま》つ金木《かなぎ》を本打《もとう》ち切《き》り　末打《すゑう》ち断《た》ちて　千座《ちくら》の置座《おきくら》に置《お》き足《た》らはして」についてですが、まず「天《あま》つ宮事《みやごと》以《も》ちて」とは、天《あま》つ宮《みや》において定められたことをもってということです。つまり、高天《たかま》の原《はら》の宮殿《きゅうでん》において、私たちの遠い先祖である祖神《おやがみ》がお定めになった御教《みおし》えによって祓《はらえ》を行うということです。ここでも自分勝手に判断し行うのでなく、祖神《おやがみ》の御心に心を合わせて祓《はらえ》を行っているのです。

その祓《はらえ》ですが、祓《はら》え物――罪穢《つみけが》れを祓《はら》う呪術《じゅじゅつ》のための神具《しんぐ》ともいうべきもの――であります清《きよ》らかな堅《かた》い木の根元《ねもと》と先端《せんたん》の部分を切り、真ん中のよいところを沢山《たくさん》の案《あん》の上に山のように積む行事《ぎょうじ》を行いなさい、ということです。

「天《あま》つ菅麻《すがそ》を本刈《もとか》り断《た》ち　末刈《すゑか》り切《き》りて　八針《やはり》に取《と》り辟《さ》きて」とは、清《きよ》らかな菅《すげ》や麻《あさ》の根元《ねもと》と先端《せんたん》の両方を刈って切り、これも真ん中のよいところを取って、それを多くの針《はり》で細かく引き裂きにすることです。ここのところは、『古事記《こじき》』によれば、須佐之男命《すさのおのみこと》が高天《たかま》の原《はら》で犯された天《あま》つ罪《つみ》に対し、大変悪かったと後悔《こうかい》し、二度としないと堅《かた》く心に誓わせるために、罪《つみ》をつぐなう祓《はら》え物を多くの台の上に沢山《たくさん》出させたとあるところにあたります。罪穢《つみけが》れを祓《はら》う物を出すことによって罪《つみ》のつぐないをさせるのです。

　これは私たちが悪いことをしたら、その悪かったという反省の心を何らかの具体的な形において表さなければ、本当に反省をしたことにならないからです。これを「祓《はら》え物《もの》」や「祓《はら》えの具《ぐ》」ともいい、「天《あま》つ金木《かなぎ》」と「天《あま》つ菅麻《すがそ》」がそれにあたります。但し、注意しなければならないのは、ここでは罪《つみ》や穢《けが》れを祓《はら》うための供《そな》え物《もの》ではないことです。それは呪術《じゅじゅつ》のための神具《しんぐ》と理解された方がよいでしょう。

なお、今泉定助《いまいずみさだすけ》翁は、「天《あま》つ金木《かなぎ》を本打《もとう》ち切《き》り」以下の文章（原文）において、「氐《て》」の字が五つあることに注目し、この「氐《て》」を五つ重《かさ》ねたその間に切ったり、裂《さ》いたりする祓《はら》えの行事《ぎょうじ》が入り、その行事《ぎょうじ》を行い神様の御心をうかがうことが、この段の眼目であると述べられております。卓見であると思います。祓《はら》えの行事《ぎょうじ》を行うことによって、祖神《おやがみ》の御心をうかがい奉《たてまつ》りて、その御心に帰一《きいつ》することが大事なのです。

ですから、神様の御心から離れた形式だけの行事《ぎょうじ》では意味がないのであります。あくまでも祓《はら》えとは、本来《ほんらい》の神性《しんせい》な御心と一つになる行事《ぎょうじ》です。それが本当の「安《やす》らか」になることです。「天《あま》つ祝詞《のりと》の太祝詞事《ふとのりとごと》」を奏上《そうじょう》する前に、御心が祖神《おやがみ》と一つになって十分に清《きよ》らかになっていなければ、たとえ祝詞《のりと》を奏上《そうじょう》しても祖神《おやがみ》の御心に届《とど》かず、祝詞《のりと》を聞いていただくことはできないのであります。

つまり、「天《あま》つ金木《かなぎ》を本打《もとう》ち切《き》り　末打《すゑう》ち断《た》ちて　千座《ちくら》の置座《おきくら》に置《お》き足《た》らはして　天《あま》つ菅麻《すがそ》を本刈《もとか》り断《た》ち　末刈《すゑか》り切《き》りて　八針《やはり》に取《と》り辟《さ》きて」という祓《はら》えの行事《ぎょうじ》をして、御心を十分清《きよ》めてから「天《あま》つ祝詞《のりと》の太祝詞事《ふとのりとごと》」を奏上《そうじょう》するならば、その結果、天《あま》つ神《かみ》と国《くに》つ神《かみ》が罪穢《つみけが》れの祓《はら》え清《きよ》めを聞いてくださるであろうということです。

そこで、「天《あま》つ祝詞《のりと》の太祝詞事《ふとのりとごと》を宣《の》れ」ですが、それは天《あま》つ神《かみ》から賜《たまわ》った立派な祝詞《のりと》という意味です。現在、祝詞《のりと》とは神様に奏上《そうじょう》する言葉だと考えられていますが、本来《ほんらい》の祝詞《のりと》の意味とは、神様の方から賜《たまわ》る言葉のことです。つまり、神様から下される祝詞《のりと》の意味は、私たちの心の方が神様と合一《ごういつ》しなければ、それを真に理解することは極めて難しいのです。ですから、逆説《ぎゃくせつ》なようですが、私たちの心が祓《はら》えの行事《ぎょうじ》によって清《きよ》らかになったときに感得《かんとく》する神性《しんせい》な心の言葉化こそが、天《あま》つ祝詞《のりと》の意味にもつながるとも言えるのではないでしょうか。

ところで、「天《あま》つ祝詞《のりと》の太祝詞事《ふとのりとごと》」が具体的にどのような祝詞《のりと》なのかについては、諸説あります。岡田米夫《おかだよねお》先生は、それを次のように整理されています。

①本居宣長《もとおりのりなが》は、「大祓詞《おおはらえのことば》」の全部が祖神《おやがみ》のお言葉とする説。つまり、「天《あま》つ祝詞《のりと》の太祝詞言《ふとのりとごと》」とは「大祓詞《おおはらえのことば》」であるとしています。

②卜部《うらべ》家―朝廷《ちょうてい》に亀卜《きぼく》を以て奉仕した神祇氏族《じんぎうじぞく》―では、天児屋命《あめのこやねのみこと》が天《あめ》の石屋戸《いわやと》の段において須佐之男命《すさのおのみこと》の祓《はらえ》をしたときに申《もう》されたお言葉が古くはあったとする説。しかし、それが何であったかは不明です。

③平田篤胤《ひらたあつたね》―江戸時代後期の国学者《こくがくしゃ》―は、古くから伝わっている「禊祓詞《みそぎはらえことば》」であるとする説。「禊祓詞《みそぎはらえことば》」とは、現在修祓《しゅばつ》のときに使われている祓詞《はらえことば》の本の姿のものです。折口信夫《おりくちしのぶ》博士は、この説を支持されています。また平田篤胤《ひらたあつたね》は、伊勢神宮に伝わっている「一切成就祓《いっさいじょうじゅはらえ》」であるとも述べています。それは、「極《きわ》めて汚《きたな》きことも滞《とどこお》りなければ穢《けがれ》はあらじ、内外《ないげ》の玉垣《たまがき》清《きよ》し浄《きよ》しと申《もう》す」という言葉です。

④鈴木重胤《すずきしげたね》―幕末期の国学者―は、「吐普加身依身多女《とほかみえみため》、寒言神尊利根陀見《かんごんしんそんりこんだけん》、祓《はら》ひ玉《たま》ひ清《きよ》め給《たま》ふ」という「三種《さんしゅ》の祓詞《はらえことば》」説です。この言葉を唱《とな》えると、神様の御心がそこに現れてくると言われています。

⑤石上神宮《いそのかみじんぐう》（奈良県天理市）に伝わる「鎮魂詞《みたましずめのことば》」説。それは、「一つ二つ三つ四つ五つ六つ七つ八つ九つ十と謂ひて、ふるへ、ゆらゆらとふるへ、かくなせば、死《まか》れる人も生きかへりなむものぞ」という言葉です。

⑥白川伯家神道《しらかわはっけしんとう》―平安時代後期より、神祇官《じんぎかん》の長官である伯《はく》を代々世襲した白川《しらかわ》伯王家《はくおうけ》に伝来した神道―は、「ひふみの祓詞《はらえことば》」説。これは、「ひふみよいむなやこともちろらねしきるゆゐつわぬそおたわくめか、うをえにさりへてのますあせゑほれけ」というもので、「いろは四七文字」を言い直したような言葉です。

⑦今泉定助翁《いまいずみさだすけ》は「天皇陛下万歳《てんのうへいかばんざい》」説。岡田米夫《おかだよねお》先生は、これも祖神《おやがみ》の御心であり、間違ってはいないとされています。

このように「天《あま》つ祝詞《のりと》の太祝詞事《ふとのりとごと》」につきましては諸説あり、「大祓詞《おおはらえのことば》」とする説と、神代《かみよ》以来伝えられてきた別の祝詞《のりと》があったとする説があります。が、確定することは極めて難しいと言われています。

しかし、その本旨《ほんし》は、私たちの本性《ほんせい》は神性《しんせい》なものであり、その神与《しんよ》の心を罪穢《つみけが》れから守れという日本人の古来からの祓《はら》えの信仰です。まさに「大祓詞《おおはらえのことば》」は、その信仰の唱《とな》え詞《ことば》として奈良時代以前からすでに存在していたことが知られています。これは誰が作ったかも明らかではありません。日本人は「大祓詞《おおはらえのことば》」を民族信仰の拠《よ》り所《どころ》として今日まで生きてきたのであります。このように考えるならば、「天《あま》つ祝詞《のりと》の太祝詞事《ふとのりとごと》」とは、本居宣長《もとおりのりなが》の説くように「大祓詞《おおはらえのことば》」であると考えても信仰上何ら問題はないと思います。何よりも「大祓詞《おおはらえのことば》」は、天《あま》つ神《かみ》から賜《たまわ》った祝詞《のりと》と信じるとき、「大祓詞《おおはらえのことば》」がより一層輝いた祝詞《のりと》に思われ、神与《しんよ》の神性《しんせい》な心を守る覚悟が強くなります。

第三回目「此く宣らば」より「吹き放つ事の如く」まで

さて、次の段について考えてみましょう。

此《か》く宣《の》らば　天《あま》つ神《かみ》は天《あめ》の磐戸《いはと》を押《お》し披《ひら》きて　天《あめ》の八重雲《やへぐも》を伊頭《いつ》の千別《ちわ》きに千《ち》別《わ》きて　聞《き》こし食《め》さむ　國《くに》つ神《かみ》は高山《たかやま》の末《すゑ》　短山《ひきやま》の末《すゑ》に上《のぼ》り坐《ま》して　高山《たかやま》の伊《い》褒理《ほり》　短山《ひきやま》の伊褒理《いほり》を掻《か》き別《わ》けて聞《き》こし食《め》さむ

先祖である祖神《おやがみ》の御教《みおし》えの通りに、またお言葉の通りに実行するならば、天《あま》つ神《かみ》は天《あめ》の堅《かた》い門《もん》を押《お》し開き、天《あめ》の八重雲《やへぐも》を押《お》し分《わ》けて聞いてくださるだろう。また、国《くに》つ神《かみ》は高い山や低い山の頂上《ちょうじょう》に登《のぼ》り、雲《くも》や霧《きり》を強い力でかき分《わ》けて聞いてくださるであろう、という意味になります。

「此《か》く宣《の》らば」とは、祖神《おやがみ》の御教《みおし》えによって、「天《あま》つ金木《かなぎ》を本打《もとう》ち切《き》り　末打《すゑう》ち断《た》ちて　千座《ちくら》の置座《おきくら》に置《お》き足《た》らはして　天《あま》つ菅麻《すがそ》を本刈《もとか》り断《た》ち　末刈《すゑか》り切《き》りて　八針《やはり》に取《と》り辟《さ》きて」という行事《ぎょうじ》をして、このように「天《あま》つ祝詞《のりと》の太祝詞事《ふとのりとごと》」を申《もう》すならば、ということです。

ここで大事なことは、祖神《おやがみ》の御教《みおし》えにしたがって自我《じが》の異心《ことごころ》を祓《はら》い、祖神《おやがみ》の御心《みこころ》に自分自身の心《こころ》を合わせることです。祖神《おやがみ》の御心とその心とを一つにするのですから当然、罪穢《つみけが》れは祓《はら》われるのであります。「大祓詞《おおはらえのことば》」の信仰は、何よりも私たちの本来《ほんらい》の心である祖神《おやがみ》の御心から離れないことです。

「天《あま》つ神《かみ》は天《あめ》の磐戸《いはと》を押《お》し披《ひら》きて」とは、天《あま》つ神《かみ》がおられる高天《たかま》の原《はら》の入口にある堅固《けんご》な門が押《お》し開かれることです。ですから、天《あま》つ神《かみ》のご慈愛《じあい》に包《つつ》まれるのです。

その堅固《けんご》な門は、私たちの心の中にもあります。我欲我見《がよくがけん》という難攻不落《なんこうふらく》の高くてとても堅《かた》い門です。この段は、さながら『古事記《こじき》』の「天《あめ》の石屋戸《いわやと》」の段にその精神が通じていると言えるのではないでしょうか。

天照大御神《あまてらすおおみかみ》の「天《あめ》の石屋戸《いわやと》」隠《かく》れとは、誓約《うけい》によって須佐之男命《すさのおのみこと》はその御心の清《きよ》らかさが証明されるのですが、その証明された瞬間、謙虚《けんきょ》さを失い、その御心が再び傲慢《ごうまん》な我欲《がよく》の異心《ことごころ》に覆《おお》われてしまい、あらゆる天《あま》つ罪《つみ》を犯したことが、その直接の原因であります。須佐之男命《すさのおのみこと》ご自身が天《あま》つ神《かみ》から賜《たまわ》った「清《きよ》らかないのち」の御扉《みとびら》を閉《と》じてしまったのです。

同時に、眼前の須佐之男命《すさのおのみこと》の乱暴《らんぼう》な振る舞いを正すことなく、見て見ぬふりをしている八百萬《やほよろづ》の神々《かみがみ》もまた、須佐之男命《すさのおのみこと》と同じように自らの心中《しんちゅう》に坐《ましま》す神明《しんめい》の御戸《みと》を閉《と》じてしまったことです。

高天《たかま》の原《はら》であらゆる乱暴《らんぼう》な振る舞いを働いたのは、須佐之男命《すさのおのみこと》お一人だけであり、須佐之男命《すさのおのみこと》がどれほど勇猛《ゆうもう》であったとしても、八百萬《やほよろづ》の神々《かみがみ》が一つ心になって力を合わせれば、その行いを正すことが出来たはずであります。このことは、後《あと》で八百萬《やほよろづ》の神々《かみがみ》がご一緒に相談されて、須佐之男命《すさのおのみこと》に千位《ちくら》の置戸《おきど》を負わせ、また鬚《ひげ》を切り、手足《てあし》の爪《つめ》も抜いて追放《ついほう》したことからも知られます。しかし、その行動を八百《やほ》萬《よろづ》の神々《かみがみ》は当初しませんでした。高天《たかま》の原《はら》を命《いのち》がけで守る神様が一人もいなかったのです。

八《や》百萬《ほよろづ》の神々《かみがみ》の眼前に展開している存在世界《そんざいせかい》は、どのような理由があったとしても八《や》百萬《ほよろづ》の神々《かみがみ》の心の反映《はんえい》であり、その心が映《うつ》しているのです。嫉妬《しっと》の心からは嫉妬《しっと》の世界《せかい》が、傲慢《ごうまん》の心からは傲慢《ごうまん》の世界《せかい》が、貪欲《どんよく》の心からは貪欲《どんよく》の世界《せかい》が生まれます。罪穢《つみけが》れは外から私たちの心に入るのでなく、私たちの心が製造し出ていくものが、世の中を穢《けが》すのです。ですから、私たちの心から離れた心境《しんきょう》以上の世界《せかい》が生まれることはないのであります。

本来、八《や》百萬《ほよろづ》の神々《かみがみ》も天照大御神《あまてらすおおみかみ》もその本体は同一であり、天之御中主神《あめのみなかぬしのかみ》、天《あま》つ神《かみ》から賜《たまわ》った「清《きよ》らかな心」です。天照大御神《あまてらすおおみかみ》の「天《あめ》の石屋戸《いわやと》」隠《かく》れとは、天照大御神《あまてらすおおみかみ》が意識的にお隠《かく》れになられたのではなく、八《や》百萬《ほよろづ》の神々《かみがみ》が「清らかな心」を見失って異心《ことごころ》の状態となり、その心中《しんちゅう》の神明《しんめい》の御扉《みとびら》を閉《と》じたことが即、天照大御神《あまてらすおおみかみ》の「天《あめ》の石屋戸《いわやと》」隠《かく》れになったと信仰上は考えられるでしょう。

この時点で八百萬《やほよろづ》の神々《かみがみ》は、自らの本体《ほんたい》を真に自覚していなく、その心が須佐之《すさの》男命《おのみこと》と同じように異心《ことごころ》に覆《おお》われて、自らの「清《きよ》らかな心」を岩戸《いわと》で閉《と》じてしまったのです。ですから、八百萬《やほよろづ》の神々《かみがみ》によって「天《あめ》の石屋戸《いわやと》」の前の神事《しんじ》が行われるのです。この「天《あめ》の石屋戸《いわやと》」の段は、今日の神社祭祀《じんじゃさいし》の原型と言われています。

八百萬《やほよろづ》の神々《かみがみ》は天照大御神《あまてらすおおみかみ》の御前で、自らの我欲我見《がよくがけん》の異心《ことごころ》を祓《はら》って祓《はら》ったとき、その眼前には須佐之男命《すさのおのみこと》の乱暴《らんぼう》によって暗黒世界《あんこくせかい》となっていた状態と全く異《こと》なる歓《かん》喜《き》の世界《せかい》が現れました。しかし、外面《がいめん》のものは何一つ変化していないのです。変《か》わったのは、八百萬《やほよろづ》の神々《かみがみ》の方なのです。不足不満《ふそくふまん》、嫉妬《しっと》、我欲《がよく》という難攻不落《なんこうふらく》の堅《けん》固《ご》な異心《ことごころ》の磐戸《いはと》を祓《はら》ったときに、歓喜《かんき》の世界《せかい》が現れたのです。この歓喜《かんき》の世界《せかい》とは、現実世界《げんじつせかい》と異《こと》なる特別《とくべつ》の世界《せかい》が現れたのではありません。今ここに有るこの現実世《げんじつせ》界《かい》が、神様の「いのち」に包《つつ》まれている特別《とくべつ》の世界《せかい》なのです。

しかし、私たちは普段《ふだん》、我欲我見《がよくがけん》の異心《ことごころ》で見ているので理解できないのでありま す。それは、私たちから最も近いところにあるのです。私たちは神様と同体《どうたい》のとても貴《とうと》い存在なのです。今すでに、私たちは神々《かみがみ》のご慈愛《じあい》に包《つつ》まれているのです。しかし、この歓喜《かんき》の心は油断するとすぐに異心《ことごころ》に覆《おお》われ、見失ってしまいます。だから毎日、毎日、「大祓詞《おおはらえのことば》」から心を離さないように生活することが重要なのであります。

話を本文に戻しましょう。

「天《あめ》の八重雲《やへぐも》を伊頭《いつ》の千別《ちわ》きに千別《ちわ》きて　聞《き》こし食《め》さむ」

このように祖神《おやがみ》の御心に合わせて祓《はら》えの行事《ぎょうじ》を行って「天《あま》つ祝詞《のりと》の太祝詞事《ふとのりとごと》」を唱《とな》えるならば、天《あま》つ神《かみ》は天《あめ》の堅固《けんご》な門を押《お》し開いて、天《あめ》のたくさん重《かさ》なっている雲《くも》を勢《いきお》いよく押《お》し分《わ》けに押《お》し分《わ》けて、お聞きになってくださるであろう、ということです。

ここで重要なことは、私たちの心を祖神《おやがみ》の定めた通りにするので、結果として天《あま》つ神《かみ》が聞いてくださるということです。神様がお聞きになることを始《はじ》めから期待しながら行うのであるならば、その心は神様の御心から離れてしまい、何度、「大《おお》祓詞《はらえのことば》」を奏上《そうじょう》しても聞いていていただけないでしょう。ただただ、天《あま》つ神《かみ》の御心の通りにすること。あとはすべて神様におまかせすることが何よりも大事であると思います。すべては、すでに与えられているのですから、期待する心、見返《みかえ》りを求める心を放念《ほうねん》することが大切です。神々《かみがみ》の世界《せかい》を体認《たいにん》して、罪《つみ》が本当に祓《はら》われるためには、見返《みかえ》りを求めない一心不乱《いっしんふらん》の祈りです。まさに冒頭紹介いたしましたが、古い伊勢神宮の思想であります「神《かみ》は垂《た》るるに、祈祷《きとう》を以《もっ》て先《さき》と為《な》し、冥《めい》は加《くは》ふるに、正直《せいちょく》を以《もっ》て本《もと》と為《な》す。」です。必死になって「大祓詞《おおはらえのことば》」を唱《とな》えるならば、神様は必ず感応《かんのう》いたします。なぜなら、わが国の神々《かみがみ》は私たちの先祖だからです。しかし、それは結果としてそうなるのであって、始《はじ》めから「しるし」を求め、見返《みかえ》りを求める心が少しでもあったら、それは天《あま》つ神《かみ》の御心から離れてしまい、神様に罪穢《つみけが》れを祓《はら》い清《きよ》めていただくことは、聞いて頂けないでしょう。

次の段も、天《あま》つ神《かみ》の段と意味は全く同じです。

國《くに》つ神《かみ》は高山《たかやま》の末《すゑ》　短山《ひきやま》の末《すゑ》に上《のぼ》り坐《ま》して　高山《たかやま》の伊褒理《いほり》　短山《ひきやま》の伊褒理《いほり》を掻《か》き別《わ》けて聞《き》こし食《め》さむ

国《くに》つ神《かみ》は高い山の頂上《ちょうじょう》や低い山の頂上《ちょうじょう》にお登《のぼ》りになって、高い山の雲《くも》や霧《きり》、また低い山の雲《くも》や霧《きり》を左右に押《お》し分《わ》けて、お聞きになってくださるであろう、という意味になります。

この場合の雲《くも》や霧《きり》とは、けむりやもやの立ちこめている状態であり、それは私たちの心の中のけむりやもやという異心《ことごころ》のことを指しているのでしょう。国《くに》つ神《かみ》もその悩《なや》める異心《ことごころ》を祓《はら》って清《きよ》めてくれるのであります。すべての根本は祖神《おやがみ》の御心に自分自身の心を合わせることです。

次の段について考えてみましょう。

此《か》く聞《き》こし食《め》してば　罪《つみ》と云《い》ふ罪《つみ》は在《あ》らじと　科戸《しなど》の風《かぜ》の天《あめ》の八重雲《やへぐも》を吹《ふ》き放《はな》つ事《こと》の如《ごと》く

このように神様がお聞き入れくださったならば、すべての罪《つみ》という罪《つみ》はなくなるだろう。それはまるで、科戸《しなど》という風の吹《ふ》き起こる所《ところ》から吹《ふ》く風が、天《あめ》の八重雲《やえぐも》を吹《ふ》き飛《と》ばすように祓《はら》い清《きよ》めてくれるからだ、という意味です。

神様がお聞きくださるということは、祖神《おやがみ》の御心と一つになること。つまり、私たちの本姿《ほんし》に復《ふく》することです。そうすれば、罪穢《つみけが》れは、清《きよ》められて無《な》くなっていきます。私たちは本来《ほんらい》、神々《かみがみ》と同体《どうたい》の清《きよ》らかな存在ですから、後天的《こうてんてき》に私たちの心がつくりだす罪穢《つみけが》れが祓《はら》われたならば、清浄《せいじょう》の元《もと》の状態に戻ります。祓《はら》えによって現《げん》前《ぜん》する清浄《せいじょう》の境地《きょうち》こそ、人間本来《ほんらい》のものです。人間は生まれながらにして罪《つみ》を持つという、いわゆる原罪《げんざい》の観念は神道にはないのです。

この清浄《せいじょう》の境地《きょうち》こそ、須佐之男命《すさのおのみこと》が八俣《やまた》の大蛇《おろち》を退治《たいじ》した後《あと》に語った「わが御心すがすがしい」の境地《きょうち》と同じです。私たちの心は、元々《もともと》「すがすがしい」のです。この「すがすがしい心」が高天《たかま》の原《はら》の神々《かみがみ》の御心です。わが国の天孫降臨《てんそんこうりん》の意義とは、現実世界《げんじつせかい》と高天《たかま》の原《はら》との合一《ごういつ》です。目の前の現実世界《げんじつせかい》が即、高天《たかま》の原《はら》であることを知ることなのです。この体認《たいにん》は異心《ことごころ》を祓《はら》うことによって分かります。だから「大《おお》祓詞《はらえのことば》」は、重大な祝詞《のりと》なのであります。高天《たかま》の原《はら》との合一《ごういつ》は、祓《はら》えによるしかないのです。

　これに対してキリスト教は、冒頭に述べましたように、「神の国は近づきつつあり」と説きますが、天国《てんごく》と現実世界《げんじつせかい》の合一《ごういつ》は認めていないのです。ただ、『新約聖《しんやくせい》書《しょ》』を読む限り、真実のイエスは非常に神道的ではなかったかと私は考えています。また、仏教の浄土教《じょうどきょう》は、この現実世界《げんじつせかい》を穢土《えど》とし極楽浄土《ごくらくじょうど》は西方十万億土《さいほうじゅうまんおくど》のかなたにあると説きます。「土《ど》」とは御仏の国のことで、極楽浄土《ごくらくじょうど》に行くまでに仏国が十万億土《じゅうまんおくど》もあるということです。これでは極楽浄土《ごくらくじょうど》はありますけれども、無《な》きに等しい感じがいたします。それほど異心《ことごころ》の克服《こくふく》は難しいことなのです。

しかしながら、日本人は古来より異心《ことごころ》を祓《はら》うならば、神性《しんせい》の本性《ほんせい》と一つになれると信仰してきたのです。これが『古事記《こじき》』の「こころ」であり、「大祓詞《おおはらえのことば》」の精神です。しかし、祓《はら》えはどんなに本体を回復しても、それで良いということはないのであります。祓《はら》えの終了とともに油断し、天《あま》つ神《かみ》、祖神《おやがみ》の御心から離れるならば、次々とまた罪穢《つみけが》れが出てきます。毎日、毎日、祓《はら》えを行う不断《ふだん》の努力が「大祓詞《おおはらえのことば》」の神髄《しんずい》なのです。

「風《し》な所《ど》の風《かぜ》」の「し」は息《いき》であり、風《かぜ》のことを意味します。「シヌ（死）は息去《しい》ぬで息《いき》がなくなることです。息《いき》が長いということは、長生きすること。息が私どもを生かしてくれる。息が長くつけ、長生きできるということは、神様の御力がほんとうにいただけている証拠です」と岡田米夫《おかだよねお》先生は述べられています。いずれにしても、風《し》な所《ど》の風《かぜ》が息《いき》を長く吹《ふ》くことにより天《あめ》の八重雲《やえぐも》が吹《ふ》きはなたれるように、あらゆる心の悩みが吹《ふ》き飛《と》んで清《きよ》められるのであります。

次の段を考えてみましょう。

第四回目「朝の御霧」より「祓へ給ひ清め給ふ事を」まで

朝《あした》の御霧《みぎり》　夕《ゆふべ》の御霧《みぎり》を　朝風《あさかぜ》　夕風《ゆふかぜ》の吹《ふ》き払《はら》ふ事《こと》の如《ごと》く　大津邊《おほつべ》に居《を》る大船《おほふね》を

舳《へ》解《と》き放《はな》ち　艫《とも》解《と》き放《はな》ちて　大海原《おほうなばら》に押《お》し放《はな》つ事《こと》の如《ごと》く　彼方《をちかた》の繁木《しげき》が本《もと》を

焼鎌《やきがま》の敏鎌《とがま》以《も》ちて　打《う》ち掃《はら》ふ事《こと》の如《ごと》く

朝《あさ》の霧《きり》や夕方《ゆうがた》の霧《きり》を朝風《あさかぜ》や夕風《ゆうかぜ》が吹《ふ》き飛《と》ばすように、大きな港のほとりに泊《と》まっている大きな船を、その船の先の綱《つな》を解《と》き放《はな》し、その船の後ろの綱《つな》を解《と》き放《はな》して、大海原《おおうなばら》へ向《む》けて放《はな》ちやるように、向《む》こうの茂《しげ》った木の根もとを鋭利《えいり》な鎌《かま》で刈《か》り払《はら》うように、という意味です。

前の箇所も含めて、「……の事《こと》の如《ごと》く」という同種の比喩《ひゆ》が四例続いています。天《あま》つ神《かみ》と国《くに》つ神《かみ》がお聞き入れくださったならば、天《あめ》の八重雲《やえぐも》が吹《ふ》き飛《と》ばされたと同じように、朝《あさ》の霧《きり》は朝風《あさかぜ》が吹《ふ》き飛《と》ばし、夕方《ゆうがた》の霧《きり》は夕風《ゆうかぜ》が吹《ふ》き飛《と》ばすということです。朝《あさ》の霧《きり》と夕方《ゆうがた》の霧《きり》は、信仰的には朝《あさ》には朝《あさ》の悩《なや》み、夕方《ゆうがた》には夕方《ゆうがた》の悩《なや》みと理解するのがよいと思います。

「大きな港のほとりに泊《と》まっている大きな船の船首《せんしゅ》の綱《つな》を解《と》き放《はな》し、またその船の後方の艫綱《ともづな》を解《と》き放《はな》して、大きな海原《うなばら》に向《む》けて遠くに放《はな》つことのように」という次の比喩《ひゆ》もまた同じ意味といえるでしょう。「ともづな」とは、船尾《せんび》にあって船を岸につないでおく綱《つな》です。ですから「ともづなを解《と》く」とは、船出《ふなで》をすることです。船は港の岸につながれていることがその本来の役目でなく、大海原《おおうなばら》に出て自由に航行して初めて船の本当の「いのち」を生かすことができるのです。

私たちも心《こころ》の中で自分自身がつくり出している種々の悩《なや》みの「ともづな」を断《た》ち切って本当の意味で自由に生きることです。自由とは自我《じが》の欲望《よくぼう》のままに生きることではありません。それは自我《じが》という「ともづな」につながれている状態です。その自分を縛《しば》っている自我《じが》の異心《ことごころ》を祓《はら》って神様の御心《みこころ》と一つになって生きることが真の自由自在《じゆうじざい》であります。

続いて、「遠くの方の繁《しげ》った木の根もとを火力で鍛《きた》えて作った鎌《かま》で、かつ鋭い鎌《かま》を用いて払《はら》い除《の》けることのように」との比喩《ひゆ》も意味は同じです。

すなわち、私たちの人生でも繁《しげ》った木のようにいろいろの悩《なや》み、苦しみの問題が次から次へと木が重《かさ》なり合うほど多く出てきます。そして、それが行く手にたちはだかるために、先が見えなくなり悩《なや》みはより一層深くなるのです。そこで、焼きを入れて堅《かた》く鍛《きた》えたするどい鎌《かま》で打《う》ち払《はら》うことによって、行く手を見えるようにするのです。つまり、自らの内面の「こころ」に映《うつ》っている悩《なや》み苦しみそのものといえる繁《しげ》った木を鎌《かま》で切って、天《あま》つ神《かみ》から賜《たまわ》った本来《ほんらい》の清《きよ》らかな「いのち」を取り戻すのです。神様の御心と一つになって清《きよ》めるのであります。

なお、今泉定助《いまいずみさだすけ》翁は、以上の「……の事《こと》の如《ごと》く」という四種の比喩《ひゆ》には、先に述べました「天《あま》つ金木《かなぎ》を本打《もとう》ち切《き》り　末打《すゑう》ち断《た》ちて」と同様に、本来は緻密《ちみつ》な行事《ぎょうじ》が執《と》り行われていたと述べられております。単なる比喩《ひゆ》の意味だけではなく、より深遠《しんえん》な祓信仰《はらえしんこう》が考えられ、重要な指摘だと思います。

それでは次に進みましょう。

「遺《のこ》る罪《つみ》は在《あ》らじと　祓《はら》へ給《たま》ひ清《きよ》め給《たま》ふ事《こと》を」ですが、その意味は、先の四種の比喩《ひゆ》のように、すべての罪《つみ》が祓《はら》われて後《あと》に残る罪《つみ》はないように、と神様に祈って祓《はら》え清《きよ》めていただくことであります。

私たち日本人には、生まれながらに罪《つみ》を背負っているという罪人《つみびと》の思想はありません。私たちは本来、この世に生を受けたときから、神様から頂いた神性《しんせい》な御心を宿《やど》しています。ですから、後天的《こうてんてき》に自我《じが》がつくり出す罪穢《つみけが》れの異心《ことごころ》は、祓《はら》えば消え去るのです。これが本来の日本人の信仰です。

『古事記《こじき》』によれば、国土の修理固成《しゅりこせい》は、伊邪那岐命《いざなぎのみこと》と伊邪那美命《いざなみのみこと》が先祖の天《あま》つ神《かみ》よりご委任《いにん》されたお仕事であり、私欲《しよく》をはさむことなく天《あま》つ神《かみ》の御心をその心として執《と》り行うという鉄則《てっそく》がその大本《おおもと》にあります。このことは、私たち自身のことにも当てはまります。私たちの本性《ほんせい》は、私たちと血の続いている先祖の天《あま》つ神《かみ》の御心であり、その貴《とうと》い御心からその心を離してはならないということなのです。だから異心《ことごころ》が出てきたら、神様に一心不乱《いっしんふらん》にお祈りし、祓《はら》い清《きよ》めていただくのであります。

ところで現在の神社本庁蔵版《じんじゃほんちょうぞうはん》の「大祓詞《おおはらえのことば》」では、「祓給清給《はらへたまひきよめたまふ》」と「給」になっていますが、古い伊勢神宮における伊勢流中臣祓《いせりゅうなかとみのはらえ》（大祓詞《おおはらえのことば》）の正文では「祓申清申《はらへもうすきよめもうす》」と「申」となっています。「給」とは神様が罪穢《つみけが》れを祓《はら》ってくださるいう他力的祓《たりきてきはらえ》です。これに対して、「申」は神様のご照覧《しょうらん》を仰《あお》ぎながら、自分の責任において罪穢《つみけが》れを祓《はら》うという自力的祓《じりきてきはらえ》です。

しかし、もともと伊勢流中臣祓《いせりゅうなかとみのはらえ》も「大祓詞《おおはらえのことば》」と同じように「祓給清給《はらへたまひきよめたまふ》」でした。それが鎌倉時代の初期頃に、当時の時代背景であります末法思想《まっぽうしそう》に対峙《たいじ》して、伊勢の神宮祠官《じんぐうしかん》が神宮に伝わる古伝承《こでんしょう》を研究する中で、私たちの本性《ほんせい》を回復するならば末法思想《まっぽうしそう》を乗り越えることができるという神道家による神々《かみがみ》信仰の初めての言葉化を図りました。これが、いわゆる伊勢神道《いせしんとう》です。そして、神宮祠官《じんぐうしかん》の心のうちに清《きよ》らかな本性《ほんせい》に対する強い自覚が生まれ、「大祓詞《おおはらえのことば》」の「給」を「申」へと字句を転換させたのであります。

その伊勢神道思想《いせしんとうしそう》の眼目は、心神思想《しんしんしそう》です。それは私たちの本性《ほんせい》は神性《しんせい》なものであり、私たちは元来《がんらい》、神々《かみがみ》と寸分《すんぶん》も違《たが》わない貴《とうと》い存在というものです。しかしながら、私たちは知《し》らず識《し》らずのうちにその本性《ほんせい》を我欲我執《がよくがしゅう》の異心《ことごころ》が覆《おお》ってしまいます。それ故に、その異心《ことごころ》を祓《はら》って清浄《せいじょう》の本姿《ほんし》に復《ふく》するのです。その努力が伊勢神宮における祓《はら》えの本来《ほんらい》の趣旨《しゅし》であります。つまり、心神思想《しんしんしそう》と祓信仰《はらえしんこう》は、まさに表裏一体《ひょうりいったい》の関係にあるのです。

神宮祠官《じんぐうしかん》は末法思想《まっぽうしそう》の蔓延《まんえん》という時代背景のもと、それを克服するために二十年に一度の式年遷宮《しきねんせんぐう》に関する古伝承《こでんしょう》を研究する中で、特に天照大御神《あまてらすおおみかみ》の託宣《たくせん》の有する意義《いぎ》の重大性を発見し、その意義《いぎ》については、伊勢神道書の最初の書物と考えられている『造伊勢二所太神宮宝基本記《ぞういせにしょだいじんぐうほうきほんぎ》』に心神思想《しんしんしそう》として記載し、伊勢流中臣祓《いせりゅうなかとみのはらえ》（大祓詞《おおはらえのことば》）については、「給」から「申」へと字句を転換させて、神様のご照覧《しょうらん》を仰《あお》ぎながら、自らの責任において清《きよ》めるという強い自覚を持ったのであります。

このように自分自身の清《きよ》らかな本性《ほんせい》に対する限りない感動が、伊勢神宮の祓信仰《はらえしんこう》の根本にあるのです。何よりも重要なことは、心神思想《しんしんしそう》と伊勢流中臣祓《いせりゅうなかとみのはらえ》の「申」への字句の転換は、ともに内宮《ないくう》の『皇太神宮儀式帳《こうたいじんぐうぎしきちょう》』（桓武天皇八〇四年撰上）に載《の》っております神宮で一番大切なお祭りであります神嘗祭《かんなめさい》前夜の「天照大御神《あまてらすおおみかみ》の神《み》教《おし》え」を依拠《いきょ》としながら執《と》り行われた「古式《こしき》の川原祓《かわはらばらえ》」にその源流があることです。その「天照大御神《あまてらすおおみかみ》の神教《みおし》え」とは、具体的には冒頭で紹介いたしました次の天照大御神《あまてらすおおみかみ》からの託宣《たくせん》と考えられます。

人《ひと》は乃《すなわ》ち天下《あめのした》の神物《しんもつ》なり、須《すべか》らく靜謐《せいひつ》を掌《つかさど》るべし。心《こころ》は乃《すなわ》ち神明《しんめい》の主《しゅ》たり、

心神《しんしん》を傷《いた》ましむる莫《なか》れ。神《かみ》は垂《た》るるに、祈祷《きとう》を以《もっ》て先《さき》と為《な》し、冥《めい》は加《くは》ふるに、

正直《せいちょく》を以《もっ》て本《もと》と為《な》す。

神宮祠官《じんぐうしかん》はこの託宣《たくせん》を拠《よ》りどころとしながら、自分自身の罪穢《つみけが》れを天照大御神《あまてらすおおみかみ》に告白《こくはく》し、本来の清浄《せいじょう》の姿に戻ろうと一心不乱《いっしんふらん》に「古式《こしき》の川原祓《かわはらばらえ》」を執《と》り行っているのです。

さらに注目すべきことは、この古伝承《こでんしょう》は天照大御神《あまてらすおおみかみ》に奉仕する内宮祠官《ないくうしかん》独自の伝《でん》承《しょう》であることです。外宮《げくう》の『止由気宮儀式帳《とゆけぐうぎしきちょう》』には記載されていないのです。神宮《じんぐう》祭祀《さいし》と宮中《きゅうちゅう》祭祀《さいし》は、その祭祀構造《さいしこうぞう》が一つで神宮祭祀《じんぐうさいし》は宮中祭祀《きゅうちゅうさいし》の延長線上にあると言われていますが、この「私たちの本性《ほんせい》は神性《しんせい》なもの」という信仰は、古い宮《きゅう》中《ちゅう》祭祀《さいし》の伝承《でんしょう》を継承しているとても貴《とうと》い信仰なのであります。そして、この一点にこそ宮中《きゅうちゅう》祭祀《さいし》、神宮祭祀《じんぐうさいし》に奉仕するものの天照大御神《あまてらすおおみかみ》への篤《あつ》い祈りが込められているとともに、これは取りも直さずわが国の神社祭祀《じんじゃさいし》の根本に位置する信仰なの

であります。私たちは、一人ひとり神々《かみがみ》と同体《どうたい》のとてもすばらしい存在なのです。ただものではないのであります。

第五回目 「高山の末」より「八百萬神等共に 聞こし食せと白す」まで

さて、次は祓《はら》え戸《ど》の四柱《よはしら》の神様がそれぞれ持ち分けて罪を祓《はら》い清《きよ》めてくれる段です。

高山《たかやま》の末《すゑ》 短山《ひきやま》の末《すゑ》より 佐《さ》久《く》那《な》太《だ》理《り》に落《お》ち多《た》岐《ぎ》つ 速川《はやかは》の瀬《せ》に坐《ま》す瀬《せ》織《おり》津《つ》比《ひ》賣《め》と云《い》ふ神《かみ》 大海原《おほうなばら》に持《も》ち出《い》でなむ 此《か》く持《も》ち出《い》で往《い》なば 荒潮《あらしほ》の潮《しほ》の八《や》百《ほ》道《ぢ》の八《や》潮《しほ》道《ぢ》の潮《しほ》の八《や》百《ほ》會《あひ》に坐《ま》す速《はや》開《あき》都《つ》比《ひ》賣《め》と云《い》ふ神《かみ》 持《も》ち加《か》加《か》呑《の》みてむ 此《か》く加《か》加《か》呑《の》みてば 氣吹戸《いぶきど》に坐《ま》す氣吹戸《いぶきど》主《ぬし》と云《い》ふ神《かみ》 根國《ねのくに》 底國《そこのくに》に氣《い》吹《ぶ》き放《はな》ちてむ 此《か》く氣《い》吹《ぶ》き放《はな》ちてば 根國《ねのくに》 底國《そこのくに》に坐《ま》す速《はや》佐《さ》須《す》良《ら》比《ひ》賣《め》と云《い》ふ神《かみ》 持《も》ち佐《さ》須《す》良《ら》ひ失《うしな》ひてむ

その意味は次の通りです。

高い山の頂上《ちょうじょう》や低い山の頂上《ちょうじょう》から、谷間《たにま》を急速に勢《いきお》いよく下って落ちてくる流れの速い川の川瀬《かわせ》にいらっしゃる瀬織津比売《せおりつひめ》という神が、すべてのものの罪穢《つみけが》れを落し流して、大きな海原《うなばら》にきっと持って行って下さるであろう。

このように持って行って下さったならば、荒々《あらあら》しい潮流《ちょうりゅう》があらゆる方向から集まってきて、その潮流《ちょうりゅう》がたくさん重《かさ》なり渦《うず》を巻いているところにいらっしゃる速《はや》開都比売《あきつひめ》という神が、口を大きくひらけてすべての罪穢《つみけが》れを手に持ってがぶがぶと勢《いきお》いよく呑《の》みこんで下さるであろう。

このように呑《の》んで下さったならば、息吹処《いぶきど》という息《いき》を吹《ふ》く所《ところ》にいらっしゃる息《いき》をつかさどる息吹戸主《いぶきどぬし》という神が、すべての罪穢《つみけが》れを根《ね》の国《くに》、底《そこ》の国《くに》に息《いき》を吹《ふ》いて吹《ふ》き飛《と》ばして下さるであろう。

このように息《いき》を吹《ふ》いて吹《ふ》き飛《と》ばして下さったならば、根《ね》の国《くに》、底《そこ》の国《くに》という幽界《ゆうかい》にいらっしゃる速佐須良比売《はやさすらひめ》という神が、罪穢《つみけが》れを持ってさまよい出て、どこともなく捨て去って無《な》くして下さるであろう、というものです。

祓え戸《はらど》の四柱《よはしら》の神様のうち、まず、瀬織津比売神《せおりつひめのかみ》とは、速川の浅瀬《あさせ》におられてすべてのものの罪穢《つみけが》れを洗い流して下さる神様です。

本居宣長《もとおりのりなが》は、この瀬織津比売神《せおりつひめのかみ》を禍津日神《まがつひのかみ》であるとしています。禍津日神《まがつひのかみ》とは、『古事記《こじき》』によれば、伊邪那岐命《いざなぎのみこと》の阿波岐原《あわぎはら》での禊祓《みそぎはらい》によってお生まれになられた神様です。なぜ、瀬織津比売神《せおりつひめのかみ》が禍津日神《まがつひのかみ》なのかについて宣長《のりなが》は、伊勢神道書の中の『倭姫命世記《やまとひめのみことせいき》』に「荒祭宮《あらまつりのみや》一座《いちざ》、皇大神荒魂《すめおほみかみあらみたま》、伊奘那伎大神《いざなぎのおほかみ》の所生神《うみませるかみ》、名は八十枉津日神《やそまがつひのかみ》なり、一名《またのみな》は瀬織津比咩神《せおりつひめのかみ》是《こ》れなり」を論拠としています。

これに対して金子武雄《かねこたけお》氏は、その『延喜式祝詞講《えんぎしきのりとこう》』において「記紀《きき》の伝承は参考にはすべきであるが、そのまま、祝詞《のりと》の伝承と一致させようとするのは誤りであらう」と述べています。今泉《いまいずみ》翁も「大祓詞《おおはらえのことば》」にあって記紀《きき》にないことは沢山《たくさん》あるのであるから、すべて記紀《きき》の神々《かみがみ》と一致させる必要はないと語っています。このように学問的には神学論争は大切ですが、私たちにとって重要なことは、瀬織津比売神《せおりつひめのかみ》は速川の浅瀬《あさせ》だけでなく、私たちの身体の中にもご鎮座《ちんざ》されていることです。祓《はら》えは罪穢《つみけが》れを祓《はら》って、私たちの自身の心《こころ》の中に瀬織津比売神《せおりつひめのかみ》はじめ四柱《よはしら》の祓《はら》え戸《ど》の神々《かみがみ》の境地《きょうち》を感得《かんとく》することが大切です。

次は、すべての罪《つみ》をがぶがぶと勢《いきお》いよく呑《の》みこんで下さる速開都比売神《はやあきつひめのかみ》です。山《やま》田孝雄《だよしお》博士は、これは「かかのみ祓《はらえ》」で、すべての罪穢《つみけが》れ、世の中のためによくないことをすべて呑《の》みこんでしまって次に伝えないようにすることだと言われています。

信仰は異なりますが、まさにこの「かかのみ祓《はらえ》」は、キリスト教においてイエスが、「敵《てき》を愛し、迫害《はくがい》する者のために祈れ。こうして、天にいますあなたがたの父の子となるためである」（マタイによる福音書）と説かれたこととその精神は一つでしょう。

「敵《てき》を愛し、迫害《はくがい》する者のために祈れ」とは、自らの内面に映《うつ》っている迫害《はくがい》する敵と認める心を捨て去らなければ、不可能なことです。そこでイエスの言葉とは、敵は存在していても、その敵を敵と認めなければ敵は存在しない。存在しているのは、敵を敵と認める自らの分別の異心《ことごころ》。したがって、その異心《ことごころ》を祓《はら》い捨て去り一心《いっしん》に祈るならば、自らの心が清《きよ》まり敵は存在しなくなるという意味と考えられます。本当に敵を愛することとは、自らの内面から敵という存在が消えたときであります。その状態こそが、イエスの語る神の心の世界《せかい》であります。まさに「天にいますあなたがたの父の子となる」ことです。今まで相対であったものが一つになる世界《せかい》ともいえるでしょう。

あらゆる世の中の一切合切《いっさいがっさい》の罪穢《つみけが》れを自分の心の中に引き受けて、それを祓《はら》って自分の心から外に出さないようにしなければ、世の中に真の平和は訪れないのであります。世の中で飛び交う嫉妬《しっと》、憎悪《ぞうお》、悪口《わるくち》などは、すべて私たちの心が製造して外に出しているのです。一切の根本は、自分自身の心を清《きよ》めることです。一番身近な自分の心を清明にすることが世の中の平安《へいあん》につながるのです。ですから、どんな不幸と思われる罪穢《つみけが》れを呑《の》みこんでも、出すときは清《きよ》らかな感謝の言葉で話したいと思います。

西郷隆盛《さいごうたかもり》翁も、「終始己《しゅうしおの》れに克《か》ちて身《み》を修《しゅう》する也《なり》。規模《きぼ》を宏大《こうだい》にして己《おの》れに克《か》ち、男子《だんし》は人《ひと》を容《い》れ、人《ひと》に容《い》れられては済《す》まぬものと思《おも》へよ」と語られています。南洲《なんしゅう》のように善悪のすべてを自分の中に入れて、文句一つ言わず一切の責任を取れるような人間になりたいと思います。

なお宣長《のりなが》は、速開都比売《はやあきつひめ》は伊豆能売神《いづのめのかみ》であるとし、「伊豆《いづ》は、阿伎豆《あきづ》の切《つづ》まりたる御名《みな》にて、すなわちかの速秋津日子神《はやあきづひこのかみ》、速秋津日女神《はやあきづひめのかみ》と同神なり」と述べています。伊豆能売神《いづのめのかみ》も伊邪那岐命《いざなぎのみこと》の阿波岐原《あわぎはら》での禊祓《みそぎはらえ》でお生まれになられた神様です。

続いて息《いき》をつかさどる息吹戸主《いぶきどぬし》の神《かみ》です。「いぶき」とは呼吸《こきゅう》のことです。呼吸《こきゅう》とは神様から頂いた恵みそのものです。そもそも私たちのこの身体は、自分の力だけで生きているのではなく目に見えない神々《かみがみ》から「いのち」をいただき、生かされている存在なのです。自分の身体を流れている血液を考えてみましょう。血液の流れは自分の意思《いし》ではどうやっても止めることはできません。呼吸《こきゅう》も同様です。息《いき》を止めたら死んでしまいます。つまり、私たちの自我《じが》に関係なく大いなる「いのち」に生かされているというのが、私たち人間の本質なのです。そして、息《いき》は吸うよりも吹《ふ》き出すことの方が大事です。その息《いき》を吹《ふ》く所《ところ》にいらっしゃるのが息吹戸主《いぶきどぬし》の神《かみ》です。

先に述べましたように、どのような罪穢《つみけが》れを吸っても吐《は》く息《いき》は感謝の心で満たしたいものです。野球の王貞治《おうさだはる》さん（福岡ソフトバンクホークス会長）は、ある新聞のインタビューで、「物事を前向きに考えるコツは」と聞かれた際、「立場や年齢に関係なく、不安は誰にでもある。合気道の先生に聞いたが、不安な気持ちが浮かんだら悶々《もんもん》と考えるより、吹《ふ》き消《け》すつもりでフッと息《いき》を吐《は》くといいそうだ。そうすると心も楽になるといわれ、ずっとやってきた。ぜひやってみてほしい」と語っています。呼吸法《こきゅうほう》について王《おう》さんの「ずっとやってきた。ぜひやってみてほしい」との言葉の奥には、正しい息《いき》を吐《は》けば悩みが祓《はら》われるという篤《あつ》い信仰心が窺われます。これが大切です。さすがは世界《せかい》の王貞治《おうさだはる》さんだと納得しました。

疑《うたが》いの心からは、疑《うたが》いの世界《せかい》しか生まれません。息《いき》をつかさどる息吹戸主《いぶきどぬし》の神《かみ》が祓《はら》ってくださると心から信じ、正しい息《いき》をするときに罪穢《つみけが》れは祓《はら》われるのです。正しい息《いき》とは、私たちの先祖である天《あま》つ神《かみ》の御心《みこころ》と自分自身の心を一つにして、感謝の心で吐《は》く息《いき》です。正しい息《いき》は、神々《かみがみ》の正しい心から出てくるのです。そして、その息《いき》に私たちの意識が加わると、それが言葉となって現れてきます。言葉の大本《おおもと》には息《いき》があるのであります。

「一言《いちげん》よく人を生《い》かす」と言われますが、私たちの心を天《あま》つ神《かみ》の御心と一つにして、正しい息《いき》をしながら悪口《わるくち》を言わず、人の心を温《あたた》かく励《はげ》まし、そして、勇気と力を与える言葉で人と話をしたいものです。

息吹戸主神《いぶきどぬしのかみ》について宣長《のりなが》は、先の『倭姫命世記《やまとひめのみことせいき》』の「多賀宮一座《たがのみやいちざ》、豊受荒魂《とようけのあらみたま》なり、伊奘那伎神《いざなぎのかみ》の所生神《うみませるかみ》、名《みな》は息吹戸主《いぶきどぬし》、またの名は神直日大直日神《かんなほびおほなほびのかみ》といふ」を論拠に直毘神《なおびのかみ》であると説いています。

祓《はら》え戸四柱《どよはしら》の神のしんがりが、速佐須良比売神《はやさすらひめのかみ》です。罪穢《つみけが》れは、瀬織津比売神《せおりつひめのかみ》、速開都比売神《はやあきつひめのかみ》、そして気吹戸主神《いぶきどぬしのかみ》に祓《はら》われて、根《ね》の国《くに》、底《そこ》の国《くに》にやってきますが、そこにいらっしゃる速佐須良比売神《はやさすらひめのかみ》が、その罪穢《つみけが》れを祓《はら》い清《きよ》めて無《な》くしてくれるのです。「持《も》ち佐須良《さすら》ひ失《うしな》ひてむ」と本文にあるように、罪穢《つみけが》れをどこともなく分からないところに放って無《な》くしてしまうのです。

私たちの本姿《ほんし》は元々《もともと》清らかなもので、罪穢《つみけが》れは無《な》いのですから、元《もと》の清浄《せいじょう》な状態に回帰《かいき》することです。まさに伊勢神道《いせしんとう》で主張する「元《はじめ》を元《はじめ》とし、本《もと》を本《もと》とす」という私たちの初心《しょしん》に戻った、その心こそが天《あま》つ神《かみ》の御心なのです。祓《はら》えによって回帰《かいき》する天《あま》つ神《かみ》の御心とは、自我《じが》の自己《じこ》の心ではないのです。理性《りせい》の心でもありません。それらの心を祓《はら》った、その奥にある御心です。この天《あま》つ神《かみ》の御心は、自分自身の理《り》性《せい》でコントロールすることはできません。生かされている世界《せかい》です。感謝、歓喜《かんき》の世界《せかい》なのです。それは、ただただ自我《じが》の異心《ことごころ》を祓《はら》って祓《はら》って、天《あま》つ神《かみ》の御心と一つになり、体認《たいにん》する世界《せかい》なのであります。

その御心とは、善い人の心にも、悪い人の心にも、だれをも差別することなくすべての人に等しく、安《やす》らかな温かさを与え続けているものです。そして善い人には、より一層善い人となって世の中を明るくするようにと。また悪い人には、その自我《じが》の異心《ことごころ》を祓《はら》って、本来《ほんらい》の天《あま》つ神《かみ》の御心に回帰《かいき》するように、と悲願し続けている御心です。悪い人の罪《つみ》を罰することは必要なことです。

しかし、それだけでは世の中の悪を一掃することはできません。自我《じが》の異心《ことごころ》を祓《はら》った奥に、天《あま》つ神《かみ》の御心が実在していることに気づかせることが何よりも大切なことです。「罪《つみ》を憎《にく》んで人《ひと》を憎《にく》まず」と私たち日本人は昔から言ってきましたが、すべての人が本来《ほんらい》、神々《かみがみ》の子孫であるという貴《とうと》い御心を宿《やど》しているのです。この天《あま》つ神《かみ》の御心に足場《あしば》を置《お》かない限り、人類の前途《ぜんと》は非常に厳しいと思います。自我《じが》の自《じ》己《こ》実現《じつげん》では安国《やすくに》の実現《じつげん》はできません。それは滅亡《めつぼう》につながる道です。

天《あま》つ神《かみ》の御心に軸足《じくあし》を置《お》かなければならないのです。そうするならば、それは天壌無窮《てんじょうむきゅう》の神勅《しんちょく》が教えるように、天地《てんち》とともに無窮《むきゅう》に栄《さか》えるでしょう。それが、天照大御神《あまてらすおおみかみ》の御心であり、また天照大御神《あまてらすおおみかみ》の御霊《みたま》の依《よ》り代《しろ》である三種《さんしゅ》の神器《しんき》とともにおられる天皇陛下の御心なのです。その貴《とうと》い御心を私たちも、すべての人が持っているのです。その御心に回帰《かいき》するという悲願《ひがん》の祝詞《のりと》が、「大祓詞《おおはらえのことば》」なのです。四柱《よはしら》の祓《はら》え戸《ど》の神々《かみがみ》は、私たちの心の中に宿《やど》っているのです。神道は客観的対象《きゃっかんてきたいしょう》として、知識や理論で考えるものではありません。今、自分自身が神の道に生かされているという歓喜《かんき》の事実に気づくことです。

なお宣長《のりなが》は、速佐須良比売神《はやさすらひめのかみ》を黄泉《よみ》の国《くに》（根《ね》の国《くに》・底《そこ》の国《くに》）にいらっしゃる須佐《すさ》之男命《のおのみこと》の娘須勢理毘売命《すせりびめのみこと》であるとしています。それは、世の中のすべての罪穢《つみけが》れは黄泉《よみ》の国《くに》から発生したのだから、その罪穢《つみけが》れを黄泉《よみ》の国《くに》に返すことが祓《はら》えである、と宣長《のりなが》は考えていたからです。ですから、最終的に黄泉《よみ》の国《くに》におられる須勢理毘売《すせりびめ》命《みこと》が罪穢《つみけが》れをどこともなく放《はな》ちて無《な》くして下さるのであります。

いよいよ最後の段です。

此《か》く佐須良《さすら》ひ失《うしな》ひてば　罪《つみ》と云《い》ふ罪《つみ》は在《あ》らじと　祓《はら》へ給《たま》ひ清《きよ》め給《たま》ふ事《こと》を　天《あま》つ神《かみ》　國《くに》つ神《かみ》　八百萬《やほよろづのかみたちとも》神等共に　聞《き》こし食《め》せと白《まを》す

このようにさまよい出て無《な》くしてしまったならば、一切の罪《つみ》は消え去り無《な》くなるであろう、と神様に祈って祓《はら》え清《きよ》めていただくことを、天上界《てんじょうかい》の神も地上《ちじょう》の神も、その他すべての神々《かみがみ》もご一緒にお聞き入れくださいと申《もう》し上げる次第であります、という意味です。

この最後の段も「祓《はら》へ給《たま》ひ清《きよ》め給《たま》ふ」とあり、神様に罪穢《つみけが》れを祓《はら》っていただくことですが同時に、先に述べましたように神性《しんせい》な存在である私たち自身の祓《はら》えの努力も必要不可欠《ひつようふかけつ》であります。神様は祈る対象ではありますが、私たち自身の本性《ほんせい》もその中に含《ふく》まれているのです。

ですから、神様のご照覧《しょうらん》を仰《あお》ぎその御力を頂きながらも、自分自身の清《きよ》らかな本《ほん》性《せい》に対する強い自覚を持ち、自分の責任において罪穢《つみけが》れを祓《はら》うという伊勢流中臣《いせりゅうなかとみの》祓《はらえ》の方が本来《ほんらい》の日本人の信仰を伝えていると私は考えています。伊勢流中臣祓《いせりゅうなかとみのはらえ》の「祓申清申《はらへもうすきよめもうす》」の中に日本人の人間観が知られるのです。「大祓詞《おおはらえのことば》」において、祓《はら》い清《きよ》めてくださる神様は、祓《はら》え戸《ど》の四柱《よはしら》の神様はじめ天《あま》つ神《かみ》、国《くに》つ神《かみ》、そして八百萬《やほよろづ》の神々《かみがみ》ですが、すべての神々《かみがみ》は私たちの心の中にご鎮座《ちんざ》されているのです。

私たちは、とてもとても貴《とうと》い存在なのです。

以上、「大祓詞《おおはらえのことば》」について本文の解釈をしてきましたが、何よりも大事なことは、

「神漏岐《かむろぎ》 神漏美《かむろみ》の命以《みことも》ちて」が、すべての大本《おおもと》にあることです。祖神《おやがみ》の御心を第一に立て、その心を自分自身の心として生きることが最も大切なことです。神道の「いのち」は、この「命以《みことも》ちて」の中にすべて凝縮《ぎょうしゅく》されています。

天照大御神《あまてらすおおみかみ》は、その祖神《おやがみ》の御心を自らの心とされている神様です。一切の私意私欲《しいしよく》はお持ちになっておりません。そして、皇御孫の命《すめみまのみこと》（天照大御神《あまてらすおおみかみ》のご子孫の天皇）は、その天照大御神《あまてらすおおみかみ》の御心をその心として、この現実世界《げんじつせかい》、とりわけ、わが国を高天の原《たかまのはら》のような安国《やすくに》にするというご使命をもって統治《とうち》されているのであります。

わが国は、天照大御神《あまてらすおおみかみ》の御心のままに治《おさ》めることを特色としているのです。しかし、そのような国柄《くにがら》のわが国でも、祖神《おやがみ》の御心、天照大御神《あまてらすおおみかみ》の御心から離れると、知《し》らず識《し》らずのうちに罪穢《つみけが》れが出てきます。そこで、その罪穢《つみけが》れを祓《はら》って元《もと》の清明な本姿《ほんし》に帰るのです。これが「大祓詞《おおはらえのことば》」の根本精神です。祓《はら》えは、神性《しんせい》な心と一つになり、その心に合わせることです。心の真の平安《へいあん》は、それによって初めて得ることができるのです。

ところで、神様に祈ったからといって、すべて私たちの思い通りになるのではありません。本当の祈りは、我欲我見《がよくがけん》の自分の異心《ことごころ》を捨て去ることです。思い通りになろうとする心を捨てて、すべてを神様におまかせし、すべてに感謝することが、結果的に思いのままにつながることではないでしょうか。しかし、現実《げんじつ》に自分自身の心を省《かえり》みるとき、次から次へと心の中から異心《ことごころ》が出てきて、ただただ反省するばかりであります。

「大祓詞《おおはらえのことば》」は、自らが祖神《おやがみ》の御心、天《あま》つ神《かみ》の御心と一つになり、その心を体認《たいにん》するところに妙味《みょうみ》があります。神道は論理的な学問ではなく、私たちの清《きよ》らかな本性《ほんせい》に対する信仰であり、それは祓《はら》えの実行によって「いのち」が与えられるのです。わが国の君臣《くんしん》の大義《たいぎ》は、肇国《ちょうこく》以来決まっていますが、その国柄《くにがら》の特質は、畏《おそ》れ多《おお》くも天皇陛下のご本質と、私たちの本質とはともに我欲我執《がよくがしゅう》を祓《はら》って、天《あま》つ神《かみ》、天照大御神《あまてらすおおみかみ》の御心と一つになって生きることなのです。

支配者《しはいしゃ》と被支配者《ひしはいしゃ》、あるいは統治者《とうちしゃ》と被統治者《ひとうちしゃ》の関係ではなく、まさに親と子の関係であり、一円《いちえん》なのであります。わが国は、個人と国家とは対立するものでなく、その本質において一つのものであることをその特徴としています。祓《はら》えの国柄《くにがら》なのです。「大祓詞《おおはらえのことば》」は少なくとも千三百年の「いのち」を保っています。本物の祝詞《のりと》であるからこそ、祝詞《のりと》の中で一番長い「いのち」を伝えているのです。

いずれにしても天《あま》つ神《かみ》の御心から一時も離れないように、我欲我見《がよくがけん》の異心《ことごころ》に打《う》ち克《か》つ努力を日々《ひび》継続《けいぞく》することであります。不断《ふだん》の努力なのです。そして、私たちの「いのち」の具体的な大本《おおもと》である、お父さん、お母さんを大切にすることです。どんなりっぱなことを言っても、親を大切にできない人は何の値打《ねうち》もない人です。

最後に、岡田米夫《おかだよねお》先生のご著書『大祓詞《おおはらえのことば》の解釈と信仰』（神社新報社）をぜひ読んでいただきたいと思います。本書がその手引書になれれば幸いです。

神拝詞

大祓詞《おほはらへのことば》

高天原《たかまのはら》に神留《かむづま》り坐《ま》す　皇親《すめらがむつ》神漏岐《かむろぎ》　神漏美《かむろみ》の命《みこと》以《も》ちて　八百萬《やほよろづの》神等《かみたち》を神集《かむつど》へに集《つど》へ賜《たま》ひ　神議《かむはか》りに議《はか》り賜《たま》ひて　我《あ》が皇御孫命《すめみまのみこと》は　豊葦原水穂國《とよあしはらのみづほのくに》を安國《やすくに》と平《たひら》けく知《し》ろし食《め》せと　事依《ことよ》さし奉《まつ》りき　此《か》く依《よ》さし奉《まつ》りし國中《くぬち》に　荒振《あらぶ》る神等《かみたち》をば　神問《かむと》はしに問《と》はし賜《たま》ひ　神掃《かむはら》ひに掃《はら》ひ賜《たま》ひて　語問《ことと》ひし磐根《いはね》　樹根立《きねたち》　草《くさ》の片葉《かきは》をも語止《ことや》めて　天《あめ》の磐座《いはくら》放《はな》ち　天《あめ》の八重雲《やへぐも》を伊頭《いつ》の千別《ちわ》きに千別《ちわ》きて　天《あま》降《くだ》し依《よ》さし奉《まつ》りき　此《か》く依《よ》さし奉《まつ》りし四方《よも》の國中《くになか》と　大倭日高見國《おほやまとひだかみのくに》を安國《やすくに》と定《さだ》め奉《まつ》りて　下《した》つ磐《いは》

根《ね》に宮柱《みやばしら》太敷《ふとし》き立《た》て　高天原《たかまのはら》に千木《ちぎ》高知《たかし》りて　皇《すめ》御孫命《みまのみこと》の瑞《みづ》の御殿《みあらか》仕《つか》へ奉《まつ》りて　天《あめ》の御蔭《みかげ》　日《ひ》の御《み》蔭《かげ》と隠《かく》り坐《ま》して　安國《やすくに》と平《たひら》けく知《し》ろし食《め》さむ國中《くぬち》に　成《な》り出《い》でむ天《あめ》の益人等《ますひとら》が　過《あやま》ち犯《をか》しけむ種種《くさぐさ》の罪事《つみごと》は　天《あま》つ罪《つみ》　國《くに》つ罪《つみ》　許許太久《ここだく》の罪《つみ》出《い》でむ此《か》く出《い》でば　天《あま》つ宮事《みやごと》以《も》ちて　天《あま》つ金木《かなぎ》を本打《もとう》ち切《き》り　末打《すゑう》ち断《た》ちて　千座《ちくら》の置座《おきくら》に置《お》き足《た》らはして　天《あま》つ菅麻《すがそ》を本刈《もとか》り断《た》ち　末刈《すゑか》り切《き》りて　八針《やはり》に取《と》り辟《さ》きて　天《あま》つ祝詞《のりと》の太祝詞事《ふとのりとごと》を宣《の》れ

此《か》く宣《の》らば　天《あま》つ神《かみ》は天《あめ》の磐門《いはと》を押《お》し披《ひら》きて　天《あめ》の八重雲《やへぐも》を伊頭《いつ》の千別《ちわ》きに千別《ちわ》きて　聞《き》こし食《め》さむ國《くに》つ神《かみ》は高山《たかやま》の末《すゑ》　短山《ひきやま》の末《すゑ》に上《のぼ》り坐《ま》して　高山《たかやま》

の伊褒理《いほり》　短山《ひきやま》の伊褒理《いほり》を掻《か》き別《わ》けて聞《き》こし食《め》さむ　此《か》く聞《き》こし食《め》してば　罪《つみ》と云《い》ふ罪《つみ》は在《あ》らじと科戸《しなど》の風《かぜ》の天《あめ》の八重雲《やへぐも》を吹《ふ》き放《はな》つ事《こと》の如《ごと》く　朝《あした》の御霧《みぎり》　夕《ゆふべ》の御霧《みぎり》を　朝風《あさかぜ》　夕風《ゆふかぜ》の吹《ふ》き払《はら》ふ事《こと》の如《ごと》く　大津邊《おほつべ》に居《を》る大船《おほふね》を　舳《へ》解《と》き放《はな》ち　艫《とも》解《と》き放《はな》ちて　大海原《おほうなばら》に押《お》し放《はな》つ事《こと》の如《ごと》く　彼方《をちかた》の繁木《しげき》が本《もと》を　焼鎌《やきがま》の敏鎌《とがま》以《も》ちて　打《う》ち掃《はら》ふ事《こと》の如《ごと》く遺《のこ》る罪《つみ》は在《あ》らじと　祓《はら》へ給《たま》ひ清《きよ》め給《たま》ふ事《こと》を　高山《たかやま》の末《すゑ》　短山《ひきやま》の末《すゑ》より　佐久那太理《さくなだり》に落《お》ち多岐《たぎ》つ速川《はやかは》の瀬《せ》に坐《ま》す瀬織津比賣《せおりつひめ》と云《い》ふ神《かみ》　大海原《おほうなばら》に持《も》ち出《い》でなむ　此《か》く持《も》ち出《い》で往《い》なば　荒潮《あらしほ》の潮《しほ》の八《や》百道《ほぢ》の八潮道《やしほぢ》の潮《しほ》の八百會《やほあひ》に坐《ま》す速開都比賣《はやあきつひめ》と云《い》ふ

ふ神《かみ》　持《も》ち加加呑《かかの》みてむ　此《か》く加加呑《かかの》みてば　氣《い》
吹戸《ぶきど》に坐《ま》す氣吹戸主《いぶきどぬし》と云《い》ふ神《かみ》　根國《ねのくに》　底國《そこのくに》に氣吹《いぶ》
き放《はな》ちてむ　此《か》く氣吹《いぶ》き放《はな》ちてば　根國《ねのくに》　底國《そこのくに》に
坐《ま》す速佐須良比賣《はやさすらひめ》と云《い》ふ神《かみ》　持《も》ち佐須良《さすら》ひ失《うしな》ひてむ
此《か》く佐須良《さすら》ひ失《うしな》ひてば　罪《つみ》と云《い》ふ罪《つみ》は在《あ》らじと
祓《はら》へ給《たま》ひ清《きよ》め給《たま》ふ事《こと》を　天《あま》つ神《かみ》　國《くに》つ神《かみ》　八百《やほ》
萬神等共《よろづのかみたちとも》に　聞《き》こし食《め》せと白《まを》す

祓詞《はらへことば》

掛《か》けまくも畏《かしこ》き　伊邪那岐大神《いざなぎのおほかみ》　筑紫《つくし》の日向《ひむか》の橘《たちばなの》
小戸《をど》の阿波岐原《あはぎはら》に　御禊祓《みそぎはら》へ給《たま》ひし時《とき》に生《な》り坐《ま》せ
る祓戸《はらへど》の大神等《おほかみたち》　諸諸《もろもろ》の禍事《まがごと》　罪《つみ》　穢《けがれ》有《あ》らむをば
祓《はら》へ給《たま》ひ　清《きよ》め給《たま》へと白《まを》す事《こと》を　聞《き》こし食《め》せと
恐《かしこ》み恐《かしこ》みも白《まを》す

略祓詞《りやくはらへことば》

祓《はら》へ給《たま》へ　清《きよ》め給《たま》へ

神社拝詞《じんじゃはいし》

掛《か》けまくも畏《かしこ》き　何神社の大前《おほまへ》を拝《をろが》み奉《まつ》りて　恐《かしこ》み恐《かしこ》みも白《まを》さく　大神等《おほかみたち》の廣《ひろ》き厚《あつ》き御恵《みめぐみ》を辱《かたじけな》み奉《まつ》り　高《たか》き尊《たふと》き神教《みをしへ》のまにまに　天皇《すめらみこと》を仰《あふ》ぎ奉《まつ》り直《なほ》き正《ただ》しき真心《まごころ》もちて　誠《まこと》の道《みち》に違《たが》ふことなく負《お》ひ持《も》つ業《わざ》に励《はげ》ましめ給《たま》ひ　家門《いへかど》高《たか》く身健《みすこやか》に世《よ》のため人《ひと》のために尽《つく》さしめ給《たま》へと　恐《かしこ》み恐《かしこ》みも白《まを》す

神棚拝詞《かみだなはいし》

此《これ》の神床《かむどこ》に坐《ま》す　掛《か》けまくも畏《かしこ》き　天照大御神《あまてらすおほみかみ》
産土大神等《うぶすなのおほかみたち》の大前《おほまへ》を拝《をろが》み奉《まつ》りて　恐《かしこ》み恐《かしこ》みも白《まを》さ
く　大神等《おほかみたち》の廣《ひろ》き厚《あつ》き御恵《みめぐみ》を辱《かたじけな》み奉《まつ》り　高《たか》き尊《たふと》き
神教《みをしへ》のまにまに　直《なほ》き正《ただ》しき真心《まごころ》もちて　誠《まこと》の道《みち》に
違《たが》ふことなく　負《お》ひ持《も》つ業《わざ》に励《はげ》ましめ給《たま》ひ　家門高《いへかどたか》
く　身健《みすこやか》に　世《よ》のため人《ひと》のために尽《つく》さしめ給《たま》へと
恐《かしこ》み恐《かしこ》みも白《まを》す

祖霊拝詞《それいはいし》

代代《よよ》の先祖等《みおやたち》（何某の御霊《みたま》）の御前《みまへ》を拝《をろが》み奉《まつ》りて
慎《つつし》み敬《うやま》ひも白《まを》さく　廣《ひろ》き厚《あつ》き御恵《みめぐみ》を辱《かたじけな》み奉《まつ》り
高《たか》き尊《たふと》き家訓《みをしへ》のまにまに　身《み》を慎《つつし》み業《わざ》に励《はげ》み　親《う》
族《から》家族《やから》諸諸《もろもろ》心《こころ》を合《あは》せ　睦《むつ》び和《なご》みて　敬《うやま》ひ仕《つか》へ奉《まつ》る
状《さま》を　愛《め》ぐしと見《み》そなはしまして　子孫《うみのこ》の八十《やそ》
續《つづき》に至《いた》るまで　家門《いへかど》高《たか》く立《た》ち栄《さか》えしめ給《たま》へと　慎《つつし》
み敬《うやま》ひも白《まを》す

略拝詞《りやくはいし》

祓《はら》へ給《たま》へ　清《きよ》め給《たま》へ
守《まも》り給《たま》へ　幸《さきは》へ給《たま》へ

あとがき

　ブラックホールを発見した英国《えいこく》の物理学者《ぶつりがくしゃ》のホーキング博士が以前、来日したとき、「文明《ぶんめい》が地球ほどに進んだ惑星《わくせい》は、私たちが知りえる全宇宙に約二百万個もあるが、そのような惑星同士《どうし》の交流《こうりゅう》が実際にあり得ないのは、そのような星は文明の過剰《かじょう》な発展によって極めて不安定になり、宇宙全体から眺《なが》めればほとんど瞬間的に崩壊消滅《ほうかいしょうめつ》してしまうからである」と述べたと伝えられています。つまり、近代文明は現在私たちが享受しているぐらいまでは発展するが、結局、私たち人類は我欲《がよく》の制御《せいぎょ》ができずに、遠《とお》からず滅《ほろ》んでしまうとの予言です。

　まさに人類は今、自《みずか》ら自壊《じかい》の道を歩むのか、それともこの大宇宙《だいうちゅう》とともに発展していくのか、という大きな岐路《きろ》に立たされているのであります。そもそも近代科学と私たちの神与《しんよ》の清明《せいめい》な心《こころ》は、ともに無我《むが》であり、大宇宙の真理《しんり》そのものです。ですから、私たちの方が、「大祓詞《おおはらえのことば》」の精神を体認《たいにん》し、自我《じが》の異心《ことごころ》を祓《はら》い天地《てんち》（大宇宙）の心と一つになって生きるならば、まさに「天壌無窮《てんじょうむきゅう》の神勅《しんちょく》」の詔《みことのり》に明《あき》らかなように、私たち人類は天地とともに無窮に発展していくでしょう。

なぜなら、天地の心とは、天照大御神《あまてらすおおみかみ》、天《あま》つ神《かみ》の御心《みこころ》であり、無限のご慈愛《じあい》に他《ほか》ならないからです。畏《おそ》れ多《おお》いことではありますが、これはご歴代《れきだい》の天皇陛下《てんのうへいか》の御《おん》祈《いの》りのお姿そのものでもあります。そのことは、この度《たび》の東日本大震災《ひがしにほんだいしんさい》における天皇陛下の被災者《ひさいしゃ》へのメッセージと、被災地《ひさいち》へのご巡幸《じゅんこう》を想起《そうき》していただければご理解できると思います。

本来《ほんらい》、すべての人の幸《しあわ》せを祈るその大御心《おおみこころ》と一つになって私たちは近代科学《きんだいかがく》を発展させなければならないのです。近代科学に私たちの自我の異心《ことごころ》を与《あた》えたならば、いずれ滅びるのは自明《じめい》の理《り》です。自我の異心《ことごころ》に軸足《じくあし》を置くことは、是《ぜ》も非《ひ》もともに非なのであります。ですから、今何よりも求められているのが、自我の奥にある自己の本性《ほんせい》への回帰です。我欲我見《がよくがけん》の異心《ことごころ》を祓って祓って、ここに足場《あしば》を置くことが極めて重要《じゅうよう》なのであります。そして、この道こそが、わが国の歴史の本源《ほんげん》に流れている天つ神の「永遠《えいえん》のいのち」であります。

『古事記《こじき》』上巻の神代《かみよ》の段は、その先祖《せんぞ》の天つ神の御心への復帰《ふっき》を繰り返し、説話《せつわ》を通して私たちに語りかけてくれています。私たちの本姿《ほんし》である先祖の御心と一つになって生きることは、結果的に我欲の制御につながるからです。

「大祓詞」は、利己的な自分を捨て去って、まさにその先祖の天つ神の御心と一つになる祝詞《のりと》です。これほど重大《じゅうだい》な祝詞はないと思います。これは天つ神の悲願《ひがん》の祝詞であり、すべての人を幸せにする無限のご慈愛の大御心《おおみこころ》なのであります。

私たちの本性は、天つ神と全く違《たが》わない神性《しんせい》の心です。つまり、私たちはすべての人が、大宇宙の真理である天つ神の御心をすでに心の中に宿《やど》しているのです。私たちの自我の異心《ことごころ》を祓ったら何もなくなり無《む》になることは決してありません。祓った奥に天照大御神《あまてらすおおみかみ》、天つ神、天之御中主神《あめのみなかぬしのかみ》がご鎮座《ちんざ》されているのです。これが古《ふる》い伊勢《いせ》の信仰《しんこう》でもあります。そして、その実在を心から信じて、「大祓詞」を奏上《そうじょう》してきたのが私たちの先祖です。

冒頭に述べましたように今、私たち人類《じんるい》は重大な岐路にあります。神代《かみよ》の姿がそのまま今に伝わっている貴《とうと》い国柄《くにがら》のわが国と、その精神の結晶《けっしょう》であります「大祓詞」の使命は何よりも大きいのであります。「大祓詞」は神社関係者だけの祝詞でなく、すべての日本人が自覚しなければならない大切な祝詞です。

しかしながら、現実に自分自身《じぶんじしん》の心を省《かえり》みるとき、まだまだ異心《ことごころ》の塊《かたまり》である未熟《みじゅく》な自分に愕然《がくぜん》とします。それ故に、私自身「大祓詞」を拠《よ》り所《どころ》としながら、少しずつでも異心《ことごころ》を祓う努力を日々の実生活《じっせいかつ》で実践《じっせん》して行きたいと強く念《ねん》じております。

最後に、本書の刊行《かんこう》にあたっては、常日頃より晩学《ばんがく》の私を温かく見守っていただいている湯島天満宮《ゆしまてんまんぐう》 押見守康宮司、河内憲彦権宮司をはじめ、神社本庁《じんじゃほんちょう》の外郭団《がいかくだん》体《たい》であります一般財団法人日本文化興隆財団《にほんぶんかこうりゅうざいだん》の事務局長佐久間宏和様、同事務局主任の新藤英子様に篤《あつ》く御礼申し上げます。

さらに本書を世に送り出して頂いた株式会社青林堂《せいりんどう》の渡辺レイ子取締役にはご尽力を頂きましたことに心より御礼申し上げます。

平成二十四年師走

小野善一郎

《参考文献》

大島敏史氏・中村幸弘氏編『現代人のための祝詞』（右文書院、平成二十一年刊）。
岡田米夫氏『大祓詞の解釈と信仰』（神社新報社、昭和六十三年刊）。
岡田米夫氏『神道文献概説』（神社本庁、昭和六十二年刊）。
倉野憲司氏校注『古事記』（岩波書店、平成三年刊）。
『日本書紀』上（岩波書店、昭和六十一年刊）。
『神道大系』論説編五伊勢神道㊤（神道大系編纂会、平成五年刊）。
『神道大系』論説編七伊勢神道㊦（同編纂会、昭和五十七年刊）。
『神道大系』論説編十二垂加神道㊤（同編纂会、昭和五十九年刊）。
『神道大系』論説編十三垂加神道㊦（同編纂会、昭和五十三年刊）。
『神道大系』古典註釈編八 中臣祓註釈（同編纂会、昭和六十年刊）。
金本正孝氏編『強齋先生語録』（渓水社、平成十三年刊）。
近藤啓吾氏著『續山崎闇齋の研究』（臨川書店、平成三年刊）。
近藤啓吾氏著『續々山崎闇齋の研究』（臨川書店、平成七年刊）。
近藤啓吾氏著『崎門三先生の學問』（皇學館大學出版部、平成十八年刊）。
安蘇谷正彦氏著『神道とはなにか』（ぺりかん社、平成六年刊）。
西宮一民氏校注『古語拾遺』（岩波書店、平成三年刊）。

大倉精神文化研究所編『大祓講義』（三省堂、昭和十三年刊）。

筧克彦博士『神ながらの道』（内務省神社局、大正十五年刊）。

本居宣長『大祓詞後釈』（大野晋氏編『本居宣長全集第七巻』筑摩書房、昭和四十六年刊）。

國學院大學日本文化研究所編『神道事典』（弘文堂、平成六年刊）。

御巫清勇氏『延喜式祝詞教本』（神社新報社、平成二年刊）。

倉野慶司氏・武田祐吉氏校注『古事記 祝詞』（岩波書店、昭和六十一年刊）。

金子武雄氏『延喜式祝詞講』（名著普及会、平成三年刊）。

西牟田崇生氏編著『祝詞概説』（国書刊行会、平成三年刊）。

あなたを幸せにする大祓詞

令和五年四月六日　第七刷発行
平成二十五年一月八日　初版発行

著　者　小野善一郎
発行人　蟹江　幹彦
発行所　株式会社 青林堂
〒一五〇－〇〇〇二　東京都渋谷区渋谷三－七－六
電話　〇三－五四六八－七七六九
印刷所　株式会社 シナノパブリッシングプレス

カバーデザイン／吉名　昌（はんぺんデザイン）
協力／株式会社スピーチバルーン

ISBN978-4-7926-0461-5 C0021

http://www.garo.co.jp